3ª Edição - Março de 2022

Coordenação editorial
Ronaldo A. Sperdutti

Preparação de originais
Eliana Machado Coelho

Revisão
Profª Valquíria Rofrano

Projeto gráfico e arte da capa
Juliana Mollinari

Imagem da capa
Shutterstock | Mimma Key

Diagramação
Juliana Mollinari

Assistente editorial
Ana Maria Rael Gambarini

Impressão e acabamento
Gráfica Rettec

Proibida a reprodução total ou parcial desta obra sem prévia autorização da editora.

© 2021 by Boa Nova Editora.

Av. Porto Ferreira, 1031 | Parque Iracema
CEP 15809-020 | Catanduva-SP
17 3531.4444

www.**lumeneditorial**.com.br
www.**boanova**.net

atendimento@lumeneditorial.com.br
boanova@boanova.net

Dados Internacionais de Catalogação na Publicação (CIP)
(Câmara Brasileira do Livro, SP, Brasil)

Schellida (Espírito)
    Entre vidas e destinos / ditado pelo Espírito Schellida e Espíritos Diversos, [psicografado por] Eliana Machado Coelho. -- Catanduva, SP : Lúmen Editorial, 2021.
    ISBN 978-65-5792-027-5

    1. Espiritismo 2. Romance espírita I. Coelho, Eliana Machado. II. Título.

21-81160   CDD-133.9

Índices para catálogo sistemático:

1. Romance espírita : Espiritismo   133.9

Aline Graziele Benitez - Bibliotecária - CRB-1/3129

Impresso no Brasil – Printed in Brazil
03-03-22-3.000-9.000

PSICOGRAFIA DE
ELIANA MACHADO COELHO
POR **SCHELLIDA** E **ESPÍRITOS DIVERSOS**

Entre vidas e destinos

LÚMEN
EDITORIAL

APRESENTAÇÃO

Meus queridos,

Ampliados e revisados pela espiritualidade, os contos desta obra têm o objetivo de levar compreensão e conforto, além do entendimento de que não somos um ser material, não somos um corpo. Estamos, temporariamente, em um corpo. Na verdade, cada um de nós é um ser moral e individual, independentemente de estar encarnado ou desencarnado.

Sim, sobrevivemos à morte do corpo.

As experiências terrenas têm como propósito levar-nos à evolução moral. E o que significa isso?

Evoluir moralmente é abandonar o que faz mal, deixar de sofrer, ter paz e felicidade verdadeira.

Por que sofremos?

Sofremos porque não respeitamos a nós mesmos nem ao próximo, em qualquer circunstância.

Respeito é a maior demonstração de amor que existe.

A ausência de respeito nos arrasta a aquisições de débitos, que ficam registrados na própria consciência, causando incômodo ou culpa, até harmonizarmos o que fizemos, mesmo que desconheçamos a razão.

Dessa forma, inconscientemente, atraímos para nós todas as consequências daquilo que praticamos e que não está em conformidade, igualdade e equilíbrio com as Leis de Deus.

Por isso, vivenciamos experiências difíceis e até dolorosas, que não sabemos explicar por que sofremos.

O Mestre Jesus já nos disse: ...*até que o céu e a Terra passem nem um jota ou til se omitirá da Lei sem que tudo seja cumprido... Qualquer um que se encolerizar contra seu irmão, será réu de juízo... Deixai ali, diante do altar, a tua oferta e vai reconciliar-te primeiro com o teu irmão... Reconcilia-te depressa com o teu adversário enquanto estás no caminho com ele...* — S. Mateus – Cap. 5 vv 18 a 25.

Precisamos aprender a não desejar, pensar, falar ou fazer aos outros aquilo que não queremos para nós a fim de evoluirmos e alcançarmos a paz.

Deus, nosso Criador, é bom, justo e ama incondicionalmente todas as Suas criaturas. Ele não nos condena ao inferno ou purgatório quando falhamos ou erramos.

Deus, essa Força Criadora tão perfeita, convida-nos a reparar nossos erros e aprendermos com eles, vivenciando as mesmas experiências que proporcionamos àqueles com quem convivemos.

De que forma?

Através da reencarnação.

É ela, a reencarnação, que possibilita a reconciliação com os nossos adversários que, às vezes, é nossa própria consciência necessitada de amar ao próximo como a ti mesmo.

Desde a chegada do Espiritismo, no século XIX, uma das maiores bênçãos que temos, é a de irmãos e amigos, na espiritualidade, dispostos a nos ensinar por meio de literários como este. A finalidade disso é para que possamos compreender a razão de passarmos por algumas dificuldades, provas ou expiações para evoluirmos, não cometendo mais as pequenas ou grandes falhas ao desejar, pensar, falar ou fazer algo contra qualquer irmão.

Necessitamos nos dar conta de que a Força Criadora do Universo, que chamamos de Deus, não é autor da dor e do sofrimento e que é impossível nós sorrirmos, por completo, enquanto existe alguém que chora por consequência de nossos pensamentos, desejos, atitudes, palavras ou ações.

Quando será que entenderemos que estamos em uma escola?

Quando será que vamos incorporar, em nossa consciência, que fazemos mal a nós mesmos quando fazemos mal ao outro?

Quando será que alcançaremos, com inteligência, a prática do amor incondicional sem críticas de qualquer nível, sem egoísmo, orgulho, vaidade e outras mazelas?

Que possamos aprender com as experiências alheias.

Meu mais sincero desejo é que essa obra contribua profundamente para isso, para que vocês, leitores, compreendam como funcionam as Leis Divinas, pois Deus não é cruel e tudo o que vivenciamos é para a nossa evolução com o propósito de conquistarmos a paz e a felicidade verdadeira.

Boa leitura!

Com carinho,
Eliana Machado Coelho.

ÍNDICE

1- Riqueza, João não tem, ele é - Schellida....13

2 - O Sapateiro Divino - Erick Bernstein....19

3 - A Sucessora - Schellida....27

4 – Prova de fogo - Schellida....37

5 - A paciência - Schellida....45

6 - Os jovens precisam de Deus - Erick Bernstein....49

7 – Muitas moradas - Erick Bernstein....69

8 - A história de Runtá - Erick Bernstein....81

9 - A necessidade do perdão - Schellida....95

10 - Quem comigo não junta, espalha - Erick Bernstein....107

11 - A última tarefa de um mentor - Erick Bernstein....125

12 - Lar... Primeira escola - Rafael....139

13 – Talismã - Lucas....149

14 – Sempre é possível - Schellida....161

15 – Até quando? - Erick Bernstein....171

16 – O tarefeiro da intriga - Lucas....179

17 - Trabalho, ferramenta de consolo - Erick Bernstein....195

1

RIQUEZA, JOÃO NÃO TEM, ELE É

Para João, aquele reencarne foi repleto de riquezas terrenas, contudo ele não conseguia olhar, com os olhos de ver, todos os bens que lhe foram ofertados e sempre reivindicava, com queixas, mais e mais.

Com o difícil desencarne, que se deu por um infarto, passou longo tempo longe de aceitar o socorro e, nas trevas da ignorância, não buscou os ensinamentos do Cristo.

Cansado, depois de muito tempo, rogou misericórdia e a luz se fez.

Após anos de aprendizado, ele solicitou reencarne para resgatar os débitos do passado. E assim foi feito.

Novamente, reencarnou em meio à fortuna e muitos bens, com filhos prósperos de inteligência, mas deixou-lhes faltar o elemento básico da afetividade.

Deu a eles tudo, menos abraço, carinho, atenção e afago. Enfim, negou seu amor. Era arrogante, insensível, embrutecido com as palavras e mantinha todos distantes de si. Parou de reclamar, mas não agradecia ou abençoava o que possuía. Sempre insatisfeito com aqueles que o rodeavam.

Nos diálogos, somente ele falava e sempre se achava com razão. Nunca ouvia ou refletia as considerações alheias. Suas opiniões eram as únicas corretas e, quando as oferecia, impostava na voz uma forma arrogante e grosseira de falar ao mesmo tempo que exibia no rosto fisionomia desdenhosa, entortando a boca e o nariz. Seu ego, seu orgulho, sua vaidade imperavam. Não tinha paciência, criticava tudo e todos. Aliás, João era especialista em críticas. Analisava, examinava e julgava duramente a vida de todos, encontrando supostas soluções, sob muita censura, para com o comportamento e decisões alheias, menos para si mesmo. Pensava que seus feitos, suas realizações sempre eram melhores e perfeitos. Mas sempre vivia incomodado com sentimentos e sensações que não sabia explicar. Desespero e vazio, como fantasmas, assombravam sua mente inquieta e aflita.

Devido ao que falava e até dizia ter ouvido, provocou dores, perturbações e discórdia sem saber.

Novamente, retornando à Pátria Espiritual, João se cobrou por tudo o que deixou de realizar. Faltou-lhe amor, aceitação, compreensão, tolerância e compaixão. Ao menos, havia parado de reclamar e querer sempre mais do que possuía.

Lamentoso, suplicou por cumprir novo reencarne na matéria, mas, desta vez, com dificuldades e prejuízos físicos e materiais, pois estava disposto a se elevar de qualquer jeito.

Assim foi feito.

Fez questão de ser exemplo vivo de amor, caridade e humildade.

Ele não constituiu família e escolheu reencarnar sem muitos recursos. Na espiritualidade, no planejamento reencarnatório, decidiu que viveria só, para valorizar qualquer companhia que tivesse ao seu lado como nunca o fez antes. Por negar-se a fazer carinho nos filhos e entes queridos, no passado, deixando os companheiros amados sem afago e afeto, João solicitou nascer sem uma das mãos, que não lhe fez falta, pois ofertou contatos amorosos a todos a sua volta, com a única mão que tinha.

Também rogou experimentar a deficiência auditiva por não ter emprestado a audição às conversas prazerosas ou mesmo às necessidades daqueles que foram colocados aos seus cuidados, por não ouvir o que era importante para a sua evolução, não dar ouvidos às considerações que o chamavam para a realidade do crescimento moral e espiritual.

Na atual encarnação, devido a sua atenção a tudo que era dito, a custo de doação, conseguiu confortar-se com a baixa audição proporcionada por um aparelho de surdez.

João demonstrou-se humilde aceitando a doação. Não reclamou da vida que levava e encarou, com resignação, as provas que experimentava.

Com o passar dos anos, a artrite atacou suas juntas, pois, no passado, negou-se aos abraços e aos beijos dos filhos e dos mais próximos.

Inspirado por amigos da espiritualidade, assumiu a tarefa de ser voluntário em um orfanato para acarinhar crianças que precisavam de atenção, ofertando-lhes abraços, beijos, afeto e sua presença amorosa. O que amenizou suas dores foi a atenção oferecida ao sofrimento físico e emocional de muitos.

Ocupado, João não tinha tempo para depressão, vazio e queixas.

Queixas? De quê?

As crianças, os abraços, a atenção, a meiguice e a nobreza daquele trabalho preenchiam sua vida de felicidade e de alegria verdadeira.

Chamado à espiritualidade, João observou que o que os encarnados acreditam ser dificuldades e tristeza por meio das necessidades especiais talvez seja o único caminho encontrado para obter paz, evolução espiritual e verdadeira felicidade, quando enfrentados com resignação.

A riqueza material, que teve em outros tempos, enquanto encarnado, endureceu seu coração como o ouro e a prata, firmes e insensíveis. Agora, estava liberto disso tudo.

Hoje, desencarnado, João possui imensa luz. É rico e abençoado pelo maravilhoso envolvimento que recebe para os trabalhos que lhe são confiados.

Saber abraçar com amor os irmãos do caminho e dispensar calorosa atenção aos que precisam, engrandece o ser.

Riqueza, João não tem, ele é.

Riquezas, podemos não ter, mas podemos ser.

Schellida

2

O SAPATEIRO DIVINO

Sabemos que a vida, na Terra, proporciona-nos oportunidades maravilhosas e grandes ensinamentos.

Muitas vezes, esses ensinamentos se encontram nas passagens mais simples do dia a dia. Nelas, sempre podemos ver Deus.

Vejamos o exemplo bem simples deste cotidiano, com sabedoria profunda.

Em um bairro da periferia, como outro qualquer, havia diversas lojas, que atendiam os moradores residentes ao derredor. Entre esses estabelecimentos, a sapataria do senhor José Tavares, conhecido por muitos pela profissão e postura que exigia a paciência de um monge e a habilidade de um artesão.

Ao receber um cliente, primeiro o ouvia com muita atenção, analisava o defeito do sapato, observando o problema e, com cuidado, dizia o que faria, o prazo que demoraria e o quanto iria custar.

José Tavares morava ali há anos. Era muito prestigiado e mantinha sempre a mesma rotina. Destacava-se por ser humilde de coração, bondoso por índole e possuidor de sabedoria indescritível a respeito dos ensinamentos do Mestre Jesus.

Certo dia, quando trabalhava tranquilamente, um de seus clientes passou em frente à sapataria e resolveu lhe dar um alô.

Era o senhor Augusto, homem trabalhador, justo, honesto, mas muito rude nas atitudes e enérgico em seus comentários a respeito de tudo.

Ao entrar, cumprimentou o sapateiro com grande ostentação:

— Bom dia! Como vai seu José?! — enfatizou o senhor Augusto.

— Bom dia... Vou bem, graças a Deus! — respondeu com expressiva calma.

Observando o sapateiro, o senhor ficou se questionando, em pensamento:

"Como um homem poderia ter aquela profissão? Trabalhar com sapatos que calcavam o chão sujo, cujos donos nem sempre os usavam com pés limpos, exalavam odores repugnantes... Como aquilo era possível sem exprimir repulsa? Ainda por cima, aquele homem mantinha-se sempre calmo e executando sua tarefa em paz."

Não suportando a curiosidade, o senhor Augusto, abruptamente e de modo rude, perguntou:

— Como você não tem nojo ao trabalhar com isso?! Como aguenta manusear utensílio desprezível e mal-cheiroso, que as pessoas trazem para consertar?! Como não tem repulsa?! Que proveito tem uma vida como a sua?! Esse trabalho é desprezível! — falou com desdém. Não suportando aguardar o outro refletir, apressou-o para que respondesse logo: — Vamos, homem! Diga!

O sapateiro ergueu a cabeça e esboçou suave sorriso. Com olhar brando, disse:

— Quando realizo meu serviço, penso muito no trabalho de Deus — foi enigmático.

— Como pode ser isso? É um absurdo isso o que me diz! — tornou o senhor Augusto com ironia na voz e sarcasmo no sorriso.

— Veja bem... — prosseguiu o senhor José com calma e suavidade nas palavras. — Em certa etapa da vida, muitas pessoas se acham autossuficientes. Orgulhosas, não dão importância para as Leis de Deus, não ligam para o semelhante, não têm humildade ou empatia. Arrogantes, maltratam todos de diversas formas, até quando oferecem um cumprimento como: bom dia. São críticas e destrutivas, sejam com comentários desagradáveis, agressões físicas ou verbais, falta de respeito de toda ordem... Muitas, com o tempo, decaem e passam a levar uma vida mundana, materialista, repleta de luxúria... A maioria torna-se amarga, vazia e as dores na alma chegam sem que saibam o porquê. Com os anos, quando não se corrige, percebe-se sem conteúdo e algo fica faltando em sua vida. Então, chega a desesperança, a falta de amor próprio, a decadência da alma... E Deus? Deus só observa e espera. Talvez, Deus se pergunte: até quando?... Até quando vão ficar sem o meu trabalho...

Observando que o outro não entendeu, o sapateiro decidiu explicar melhor:

— Eu comparo essas pessoas aos sapatos que me trazem para consertar. Os calçados chegam aqui gastos, batidos, furados, feios, malcheirosos... Em minhas mãos, eu os analiso, observo e verifico que chegaram àquelas condições pelo abuso, falta de cuidado, mau uso... Eles se assemelham às pessoas que, em determinada parte de suas vidas, pelo mal uso de suas qualidades, deterioram-se pelo caminho e precisam de reparos.

Com os sapatos, é fácil — prosseguiu. — Eu os pego e inicio o reparo. Passo pela navalha afiada, retirando as rebarbas. Lixo, tiro o salto velho e os coloco na altura que precisam e merecem. Desgasto as asperezas, devolvo o desenho original de fabricação, faço colagem onde precisa... Com todo o meu trabalho, eles vão perdendo o mau cheiro e, se não, eu dou um jeito nisso. Por fim, engraxo, dou polimento e é então que o brilho volta e os sapatos parecem novos, ganham vida, beleza e estão prontos para o uso.

Aquele que não busca o Sapateiro Divino prossegue rasgado e dolorido — disse o senhor José Tavares —, agastado e irritado pelo mau aproveitamento de seus atributos, feio e sem brilho pelos aborrecimentos trazidos pelo mau humor que o domina, zangado e rude pela falta de compaixão e empatia devido às críticas que sempre faz, as reclamações sem fim...

Estamos em um mundo em que é necessário aprender, inclusive, a buscar reparos e revisão para a alma. Consertar nossa forma de falar, de ouvir e de ver as coisas — ainda disse. — Quando sirvo, penso em Deus e observo que todo trabalho é nobre. Se esse Sapateiro Divino não quisesse tocar nosso coração por repulsa a tudo o que fazemos, o que seria de nós?

Devemos sempre buscar o Pai da Vida, Fonte Criadora de tudo e de todos para prosseguirmos fortes, termos fé e desejo de crescimento em nosso coração. Isso trará polimento, que é a luz ao espírito, dando-nos brilho e beleza originais.

Após ouvir isso, o senhor Augusto não disse nada. Ficou pensativo e se foi.

Erick Bernstein

3

A SUCESSORA

À beira mar, Sônia sorria e observava os fogos de artifícios brilharem no céu. Segurava sua taça com *champanhe*, vestida com seu melhor vestido branco e longo, esnobando sua beleza, posses e *status*. Tudo era divinamente alegre. Todos se contentavam e festejavam. Era a última noite do ano.

Para ela, seria o último dia de felicidade naquela encarnação.

Na primeira semana que seguiu, acreditava sentir, no corpo, ainda, os efeitos das festas de final de ano. Aquela dor de estômago passou quase despercebida, pois guardava a ansiedade de um ano melhor, de novas expectativas, esperanças, alegria e renovação.

Porém, antes de terminar o mês, teve de consultar um médico gastroenterologista.

As primeiras conclusões foram gastrite e úlceras, entretanto, havia algo mais que intrigou o especialista. Então, foram realizados exames e mais exames.

Maus presságios invadiam os seus sentimentos e, lamentavelmente, as más notícias vieram juntamente com a primeira internação.

"O que fiz para merecer isso? Que castigo cruel! O que eu estaria pagando?" — pensava ela.

Os três filhos lindos, o marido, a casa e tudo o que possuía eram suas alegrias. Mas, de nada valiam quando se estava tão doente e não podia acompanhá--los, vivê-los como sempre fez. Assim, a revolta assolou sua alma.

"Deus! Onde está Ele nestes momentos de dor e angústia?" — indagava nos pensamentos inquietantes, que causticavam sua alma.

Para derrotar-lhe ainda mais, passou a desconfiar da infidelidade de seu esposo.

O câncer corroía-lhe por dentro e as agressões silenciosas dos que conviviam com ela, consumiam-lhe o emocional.

Os filhos, apesar da pouca idade, passaram a ignorá-la.

E alguém sempre justificava dizendo que crianças procuram por brincadeiras e alegrias. Sabe como é...

Sônia só poderia oferecer-lhes dor e sofrimento, angústia e tristeza. Seu mau humor era frequente, insuportável. Não pensava, uma vez sequer, em orar, pedir conforto ao seu coração, bênçãos para a família nem àqueles que cuidavam de sua saúde. Achava-se injustiçada.

O esposo, com a desculpa do trabalho incessante, não tinha mais tempo para ela, que se sentia cada dia mais só, pois acreditou que até Deus a havia abandonado.

Sentia a morfina não fazer mais efeito. E ela sofria em todos os sentidos.

As horas derradeiras foram difíceis. Não havia nada que se pudesse fazer. Seria bem provável que a fé lhe trouxesse alívio ao seu coração, conforto a sua consciência e paz para sua alma. Saber que a vida continua, além da morte do corpo, sempre traz esperança, tranquilidade, consolo e é disso o que mais precisamos em momentos difíceis.

Mas não foi assim para ela, que nunca procurou conhecer nada além da vida material, da beleza física e da acomodação financeira.

Naquele momento, Sônia teve a certeza de que Deus não existia.

Para aqueles que a rodeavam ou acompanhavam seu sofrimento a distância, tudo foi muito rápido. Entretanto, para ela, a angústia e a dor indescritível, pareciam não ter fim.

Sem que percebesse, desligaram-lhe os aparelhos e disseram:

— Está morta. Peçam para que subam e levem o corpo para o necrotério.

— Morta?! Parem! Esperem! — exigiu Sônia.

Mas ninguém a ouviu. Gritou e chorou, porem não adiantou.

Pela falta de fé no amparo Divino, não notou o envolvimento que lhe trouxe alívio e a fez como que adormecer e perder a noção do tempo.

Suas vibrações de revolta e sua descrença não permitiram que a socorressem para lugar especializado, que são outras moradas na Casa do Pai.

Depois de dias, Sônia despertou em sua casa e nada entendeu. Ela se viu sentada em um sofá, entretanto, era como se tudo estivesse diferente.

Tentou falar com seus filhos, em vão.

Procurou por seu marido, que não lhe pôde notar. Ninguém a via.

Chorou e se revoltou. Ficou inconformada, sem obter solução para aquela situação que lhe pareceu macabra.

Sem esperança, saiu para a rua à procura de orientação. Foi pior. Entidades perversas lhe maltratavam, fazendo com que suas feridas abdominais[1] se expusessem.

— Onde está Deus?! — clamava ela — O que fiz para merecer tudo isso?!

Vagou por muito tempo...

Viu aquele que foi seu marido casar-se novamente, outra tomando o seu lugar e os filhos crescerem bem e felizes. Eram bem-tratados pela madrasta e somente isso a confortava.

Mas, o ódio brotava em seus sentimentos e as feridas nunca se curavam, pois não encontrava explicação para o que lhe havia acontecido. Desejava estar junto deles, aproveitando os privilégios que sempre teve e a vida boa. Não imaginava que morrer seria experimentar isso.

O instante de seu desencarne era repetitivo em suas lembranças.

— Que utilidade teria a vida? O que justificava alguém ser rico e outro pobre? Um ter necessidades e

---

1 Nota do espírito Schellida: Sabe-se que o corpo espiritual não é constituído de carne, ossos, órgãos, etc. Porém, sabemos que de acordo com a sua falta de instrução, da ignorância sobre a vida espiritual, do seu desespero, etc, esse mesmo espírito pode vibrar em condições tão enfermas a ponto de acreditar e plasmar em seu corpo espiritual lesões e condições incrivelmente inferiores e típicas do corpo carnal, incluindo o sentimento de dor.

outros não? Alguns terem saúde e os demais doentes? O que explicava um morrer novo e outro tão velho? Que Deus era esse que permitia isso e muito mais? — nunca encontrava respostas para essas perguntas, por isso revoltava-se, xingava e brigava com Deus. Seu orgulho era imenso. Jamais orava nem pedia socorro.

Com o tempo, ignorando a razão, passou a observar uma vizinha que possuía em torno de si uma luz radiante. Era algo bonito e agradável de se ver e sentir.

Sônia sempre a admirou sem saber o motivo. A mulher, de personalidade sensata, calma, de palavras nobres e gestos humildes, passou a chamar imensamente sua atenção. Havia algo muito, muito diferente nela.

Certo dia, acreditou ouvir alguém lhe falar:

— Vá, Sônia! Siga-a!

Estranha força a dominou e, encorajada, seguiu-a.

Chegaram ambas a uma casa simples, onde já havia algumas pessoas.

O espírito Sônia acomodou-se e esperou atenta, pois ignorava o que iria acontecer.

Na metade da reunião, outro espírito mostrando-se sorridente e com a aparência simples, aproximou-se dela e orientou:

— Venha filha, fale o que a amargura.

Tudo o que Sônia reclamava passou a ser repetido por uma das mulheres que participava da reunião. Era uma médium de incorporação. Tudo era feito com fidelidade e respeito.

Sônia contou seus problemas, queixou-se de suas dores, narrou suas angústias e pediu socorro, porque estava cansada daquele sofrimento.

Chorou.

Aquela era um trabalho de socorro e assistência espiritual, mais conhecida, no meio espírita, como Sessão de Desobsessão. Composta de um dirigente, médiuns de sustentação e médiuns de incorporação, com o objetivo de socorrer espíritos sofridos e desorientados ou, ainda, aqueles que vagam à procura de vingança contra os encarnados, que buscam assistência espiritual por sentirem-se incomodados.

Sônia foi atraída para essa sessão por amigos espirituais que não podia ver, devido à vibração cultivada, pela falta de fé em Deus e ausência de pedido de socorro.

Ouvindo tudo aquilo através das palavras da médium de incorporação, o dirigente encarnado esclareceu suas novas condições agora no plano espiritual. Disse-lhe que a morte só existe para o corpo físico, pois a vida pertence ao espírito. Explicou-lhe que Deus não erra. Ele é bom e justo para com todos os Seus filhos. Fez com que compreendesse que é necessário ter fé, mesmo nos momentos mais difíceis e conturbados, porque existem motivos para tudo o que vivemos, mesmo que, no instante, não consigamos entender a razão das dificuldades.

No mesmo instante que isso acontecia, tarefeiros invisíveis aos encarnados e também a alguns desencanados, dispensavam em Sônia energias medicamentosas aliviando suas dores e seu sofrimento emocional. Sentiu-se acolhida e amparada.

Ela compreendeu que existia algo mais e maior a tudo o que podia ver.

Entregando-se ao socorro, foi envolvida e levada a local adequado a fim de se recompor, estudar e aprender.

Após um período, desvendou-se para ela que, num passado distante, por desejar conquistar aquele que, na última encarnação, foi seu marido, Sônia aproximou-se amigavelmente de sua esposa e, depois de um tempo de amizade, ofereceu-lhe um veneno arrebatador, que muito fez a vítima sofrer antes do desencarne. Em poucos meses, aproximou-se do viúvo com a desculpa de consolar os filhinhos órfãos e auxiliar nas tarefas do lar.

Sem demora, colocou-se como a sucessora da falecida. Casou-se com o viúvo e, na posição de madrasta, maltratou as crianças não se importando com suas necessidades. Ele nunca percebeu.

Com isso, ela acreditou viver feliz. Era tudo o que sempre quis.

Na última encarnação, casou-se com o mesmo homem que enganou no passado e recebeu os filhos que, antes, negou cuidados. Viveu a vida de falsa felicidade, sem se preocupar em cuidar da alma, voltar-se para Deus e ter o mínimo de fé.

Sua experiência foi boa até sentir as dores que, um dia, provocou em outra pessoa.

A vítima do passado, que teve a vida roubada pelo envenenamento e se viu arrancada da união com seu marido, amargurando-se pelo desamparo e maus-tratos dos filhos, teve reparada a experiência de outrora, quando Sônia morreu. Ela se casou com o viúvo, voltou a cuidar do lar, do esposo e dos filhos que, mesmo sabendo serem de outra união, tratou-os como sendo seus.

Sônia compreendeu que podemos enganar, provisoriamente, a muitos, mas, um dia, teremos de experimentar tudo o que provocamos aos outros.

Os frutos que colhemos são sempre das sementes que plantamos.

Com a convicção de obtermos o perdão das nossas faltas, por meio da reencarnação, da esperança e da fé, precisamos sempre fazer o que é certo.

Às vezes, é difícil entender que somente o bem é pago com amor. Pratique-o constantemente para ter a certeza disso, o contrário será doloroso.

Schellida

4

PROVA DE FOGO

Por observação, aprendemos que a prática do mal oferece dor física e emocional aos outros. Não é agradável ver o sofrimento alheio e os seres mais adiantados sabem disso.

Propostas e ordens absurdas não se cumprem, pois seremos responsáveis por todo e qualquer infortúnio e tormento que causarmos.

Ao se preparar para o reencarne, Salete foi informada de que passaria pela difícil prova da queimadura integral de seu corpo no seu próximo desencarne.

Em outros tempos, realizou tarefas contrárias à razão e ao bom senso, quando incendiou e matou uma pessoa.

Apesar de essa vítima ter cometido arbitrariedades, a consciência de Salete a cobrava arduamente a falta cometida. Na espiritualidade, suportou obsessores, liderados por essa vítima, que lhe acusaram e subjugaram cruelmente enquanto vagou por zonas espirituais inferiores antes de encontrar socorro, compreensão e justificativas para tudo o que experimentava.

Tomando ciência de todos os erros cometidos, aprendendo que somos responsáveis por nossas práticas e que precisamos harmonizar o que desarmonizamos, ela buscou aprender e socorrer, ainda na espiritualidade, resgatando boa parte de seus débitos. Orou e buscou ajudar seu principal perseguidor, aquele que queimou vivo. Ficou satisfeita com o reencarne dele, pois haveria chances de aprender e evoluir.

Mas ainda restava algo para ela...

Salete reencarnou em família humilde. Foi a caçula dos três filhos de um casal muito simples, que lhe ofereceu princípios, valores e religiosidade. Não conheceu seus avós, pois eles desencarnaram antes de seu nascimento. Tinha muitos tios e primos, com os quais se dava muito bem.

Enfrentou muitas dificuldades financeiras para se formar em Enfermagem. Amorosa e dedicada, prosseguiu sua vida de modo pacato.

Possuía fé inabalável e sua tranquilidade constante, sinônimo de sabedoria, sempre foram comentadas pelos mais próximos, que admiravam seu comportamento conformado, compreensivo e empático diante de todas as circunstâncias, principalmente, as difíceis.

Trabalhou como enfermeira particular e em hospitais. Por intuição, apaixonou-se por tarefas voluntárias em instituições filantrópicas onde era muito necessária e querida.

Sempre estava disposta, quando solicitada. Atuou com paciência, amor e resignação acima de tudo.

Ao se casar, Salete descobriu que não poderia ter filhos.

Em seu íntimo e pelo que aprendeu nos ensinamentos da Doutrina Espírita, sabia que harmonizava algo mesmo ignorando o que era. Se ser mãe naturalmente não era possível, é porque poderia fazer algo mais pelos semelhantes. Sua intuição lhe dizia isso.

De comum acordo com o marido, que a apoiou totalmente, Salete não hesitou e, apesar das críticas e oposições de muitos familiares, adotou uma criança portadora de deficiência mental.

Isso não estava em seu planejamento reencarnatório e desconhecia, totalmente, que aquele filho foi um dos seus perseguidores mais cruéis, na espiritualidade. Em tempos remotos, foi ele em quem Salete ateou fogo e matou por não suportar o que havia ocorrido.

Com o coração repleto de amor, paciência e compreensão, ela cuidou e amou aquele filho de modo incondicional.

Foi preciso se adaptar e se organizar muito para não abandonar o trabalho e algumas de suas tarefas como voluntária. No começo não foi fácil, mas, depois, conseguiu e levava o filho junto, não perdendo as diversas oportunidades de ensiná-lo também.

Os anos foram passando e, após o desencarne do amado filho, que já estava com quarenta anos, Salete desencarnou dormindo, vítima de parada cardíaca.

No plano espiritual, ao despertar, ela sentiu-se feliz e agradecida por estar tão bem.

Sem demora, soube que o filho adotivo foi seu perseguidor do passado, por ela ter ocasionado sua morte com fogo. Mas, não só isso. Ele também havia sido o seu avô materno. Um homem rude e rigoroso que teve um desencarne difícil. Não aprendeu muito encarnado nem no plano espiritual e precisou retornar ao plano físico com desafios na deficiência mental. Deveria passar por incontáveis necessidades, privações, dores e dificuldades, porém foi adotado por Salete.

Um contribuiu para a vida e existência do outro, desfazendo laços de discórdia e de dor para criarem vínculos de amizade e companheirismo.

O filho, em outro estado consciencial, agora emocionado, agradecia seus cuidados e todo o amor recebido. Não só isso, ele também era grato pelos ensinamentos que ela ofereceu quando o levava para as tarefas que abraçava, conversando e lhe mostrando a necessidade de amor e resignação. Todos acreditavam que ele não conseguia entender devido a sua deficiência, mas não era verdade. Se não fosse por Salete e seu marido, ele enfrentaria dificuldades e infortúnios desmedidos por não ter um passado honroso e não aprenderia nada do que aprendeu. Arrependido de tê-la perseguido, perdoou-lhe pelo que sofreu e a amou como nunca havia amado alguém.

Após entender todo o ocorrido, restou uma curiosidade. Salete soube que desencarnou suavemente pela parada cardíaca e não pelas horripilantes chamas de fogo como estava no planejamento. O que teria acontecido?

Satisfeito, seu mentor amigo respondeu:

— Querida irmã, tudo se cumpriu. Você passou pela prova do fogo durante essa última encarnação, mas não percebeu nem reclamou. Estava ocupada demais.

— Como? Quando? Eu deveria desencarnar nas chamas — insistiu ela, sem entender. — Eu estava ciente disso e até solicitei tal sofrimento para aliviar minha consciência e me livrar de perseguidores.

Amoroso, seu mentor explicou:

— Você foi imensamente útil aos irmãos encarnados, muito mais além do que pretendia. Abraçou trabalho que não havia traçado no planejamento reencarnatório. Atendeu, socorreu, ajudou todos os que lhe pediam apoio. Voluntariou-se de coração, auxiliando com bondade e bom ânimo. Sentia-se bem com isso. Não abandonou o próximo mais próximo, cuidando de seus pais, marido, sogros... Desempenhou, maravilhosamente, a tarefa de mãe verdadeira pelo coração amoroso. Ensinou seu filho de maneira nobre, acreditando que é o espírito que vive e aprende. Então, foi necessário que queimasse somente o pé com aquela água fervente que derramou nele, quando a alça de uma caneca quebrou, para que o planejamento se cumprisse, pois suas doces mãos, que desempenhavam grandiosas tarefas na área da enfermagem e do amor, não poderiam se ferir, muito menos o seu corpo. Você, Salete, transformou uma prova de fogo em uma lição de amor.

Schellida

5

A PACIÊNCIA

Sempre é necessário muito preparo antes de uma tarefa espiritual ser realizada. Dedicação e empenho são importantes e o tempo é consumido sem que percebamos. Por isso, como tudo na vida, providenciar um trabalho exige planejamento e atenção.

Sebastião era um abnegado expositor em palestras doutrinárias espíritas cristãs. Naquele dia, selecionou, separou, estudou, leu e releu, arduamente, livros edificantes que continham ensinamentos sobre paciência e resignação, que auxiliam a evolução e a elevação de toda criatura humana. De posse de seus estudos e anotações, sentiu-se satisfeito e pronto para fazer sua exposição.

Horas e horas foram gastas para a tão nobre preparação da palestra daquela noite, que seria em uma casa espírita de considerável tamanho. Era sua primeira exposição naquele grande centro espírita, que provavelmente estaria lotado.

Sebastião acreditava que não poderia falhar. O tema sobre paciência e resignação deveria trazer grande reflexão a todos os frequentadores.

Ao terminar a tarefa de elaboração da palestra, observou que faltava somente uma hora e meia para o início.

Sobressaltado, Sebastião percebeu que estava muito atrasado.

Saiu do quarto, às pressas, procurou pela esposa e afoito, gritou:

— Júlia! Coloque rápido o jantar! Estou atrasado! Vamos rápido, mulher! Veja se faz algo mais rápido hoje, vamos! Estou com muita pressa!!!

Pobre Sebastião... Onde estava sua paciência?

Devemos sempre aprender, antes, aquilo que desejamos ensinar.

Schellida

6

OS JOVENS PRECISAM DE DEUS

Marcelo era um garoto esperto, inteligente, no ápice da adolescência. Mas, essa é a idade em que a maioria vive repleta de conflitos, pensamentos acelerados, dúvidas, inseguranças. É o período quando os jovens não sabem muito no que nem em quem acreditar. Ignoram o que podem esperar da vida, do futuro e têm muito medo de admitirem isso.

Normalmente, o orgulho e a vaidade imperam, pois não querem decepcionar, não desejam mostrar fraqueza ou insegurança e não pedem ajuda. Assumem posturas, falas e atitudes que exibem firmeza, conhecimento e domínio, porém não falam sobre seus verdadeiros sentimentos.

Como a maioria dos garotos da sua idade, não possuía nenhuma orientação religiosa e essa ignorância levava-o a zombar daqueles que o tinham. É comum debochar, escarnecer e humilhar aquilo que desconhecemos o valor e a importância. E ele não era diferente.

Dias antes, após alguns *bullying*, Marcelo e seus dois amigos, Osvaldo e Roberto, sentiram-se superiores ao perceberem que a vítima, um garoto da mesma idade, acuou-se triste e chorando. O motivo dessa agressão era o fato de o menino ser evangélico.

Os agressores riam, zombavam, ofendiam com imitações, arremedando orações e adorações que acreditavam ser ridiculamente cômicas.

O garoto evangélico não negou sua fé e prosseguiu deixando-se ver frequentar a igreja com seus pais e irmãos.

Passado um tempo, sem ter a companhia de seus dois melhores amigos, Marcelo se encontrava sentado, nos degraus das escadarias do colégio, com o semblante preocupado. Ruminava os pensamentos sobre seus desafios na escola, sobre suas notas e o que ele julgava ser intolerância de professores, que exigiam dele um comportamento e notas melhores. Também se incomodava com alguns acontecimentos em casa, com a família. Seu desejo era fugir de tudo. Sumir. Desaparecer e livrar-se de tudo o que o incomodava.

Seu pai, homem privilegiado, tinha ótimo emprego e ganhava muito bem. Sua mãe trabalhava em uma grande organização e dispunha cargo importante. Abastados, viajavam muito, quando em férias. Conheciam todo o mundo e muitos lugares exuberantes. Mas, devido a tanto trabalho para manterem a vida farta e abundante em riquezas terrenas, não sobrava tempo para Marcelo. Ocupavam o garoto com escolas, esportes, equipamentos eletrônicos e tudo o que o menino escolhia.

Nos momentos de folga, os pais exerciam atividades como: entreterem-se com os amigos, longas conversar ao telefone, *happy hour* com os colegas de serviço, jantares, horas no clube, atualizações das redes sociais... Em casa, cansados, tomavam seus *drinks* e dormiam. Ficavam tranquilos, pois ofereciam ao filho tudo de bom e de melhor. Acreditavam que o garoto encontrava-se bem, afinal, sorria sempre e parecia satisfeito com tudo o que possuía, interagindo e brincando. Às vezes, zangado ou contrariado, mas isso era coisa de adolescente. Iria passar.

Quando os pais eram procurados, já havia uma resposta pronta e perfeita: "Não se preocupe, filho. Vai dar tudo certo. Você vai conseguir." Faziam-lhe um carinho, davam-lhe um beijo e iam cuidar de outros afazeres. Nunca o ouviam. Nunca estavam atentos. Não achavam que um garoto como aquele, que tinha tudo, pudesse ter medo, dúvidas, problemas...

Com isso, o vazio, as inseguranças, as incertezas cresciam e se tornavam monstros no âmago de Marcelo.

Sua dor e seu medo eram expressos em contrariedades, crises de raiva e agressões verbais ou físicas aos considerados mais fracos ou mesmo a colegas e professores. Era a forma de ele manifestar seu pedido de socorro, pedido de ajuda. Era a maneira de dizer: preciso ser ouvido. Necessito de orientação. Careço de explicações sobre a vida, sobre algo mais profundo, sobre Deus...

Naquele dia, sentado nas escadarias da escola, pensava em fugir, desaparecer. Achava-se entediado e nem sabia disso. Ele não compreendia o que sentia nem saberia explicar, com palavras, o que desejava, o que lhe faltava, o que lhe doía.

Foi quando três garotos mais velhos se juntaram a ele e puxaram assunto. O jovem não os conhecia muito bem. Mas, pela popularidade que usufruíam, admirava-os.

De imediato, Marcelo se achou importante por ser procurado por aqueles que se destacavam, que eram influenciadores. Mascarando seus sentimentos sobre o que vivia, sorriu, deu atenção aos jovens e novos amigos.

Conversaram...

Nos dias que se seguiram, o mesmo ocorreu, mas Osvaldo e Roberto, os dois amigos de Marcelo, juntaram-se ao grupo e novo círculo de amizade foi se formando rapidamente.

Aconteceu que o senhor Anastácio, homem comum, que trabalhava na área da limpeza daquele colégio, ficou observando o que ocorria.

Não demorou muito tempo, o senhor Anastácio teve a oportunidade de ver Marcelo sozinho. O adolescente trazia o mesmo olhar preocupado e com um toque de tristeza.

Movido por inspirações superiores, que não saberia explicar, o senhor encorajou-se e foi até o jovem, perguntando:

— Tudo bem com você? Eu poderia ajudar em alguma coisa?

— Quem é você para me ajudar? — indagou Marcelo, olhando-o de cima a baixo. — Não se enxerga não?

— Sou um homem simples mesmo. Mas não sei cuidar somente da limpeza, tenho experiência de vida, coisa que, muitas vezes, escola não ensina. E é essa minha experiência que me diz que você está com problemas.

— Qual é, velho?! Eu? Com problemas? — gargalhou.

— Todo jovem tem dificuldades, dúvidas, inseguranças, problemas típicos da idade... Medo do futuro, de não corresponder às expectativas, de fracassar... Às vezes, por medo, não comenta o que sente e, outras vezes, nem sabe explicar o que sente.

— Você não sabe nada sobre a minha vida! — tornou em tom agressivo.

— Mas é claro que sei! — disse com sorriso simpático. — Sei mais do que você imagina.

— Ah! É?! O que sabe sobre mim? Garanto que não sabe nem o meu nome nem o que meus pais fazem.

— Não preciso conhecer nada disso para saber o que sente. Só de olhar dá para perceber que é um rapazinho de boa linhagem e família rica. — Apoiando-se no cabo da vassoura, o senhor Anastácio disse com jeito tranquilo: — Mas... Sabe, filho, só de olhar para você, já sei que faltam muitos outros recursos na sua vida.

— Que recursos?! Não me falta nada — riu.

— Falta sim. Falta alguém para ouvir suas inseguranças, responder as suas dúvidas, explicar que a vida sem algo superior, no caso Deus, é dolorosa.

— Deus não existe! — afirmou o garoto convicto. — Prove que Deus existe.

— Se você me disser que Deus não existe, vou dizer que é um péssimo aluno, pois não aprendeu a regra básica em ciência de que do nada não se pode tirar algo. Então, é você quem tem de me provar que Deus não existe — silêncio. — Olhe a sua volta. Tudo o que existe foi criado por algo, por uma força inimaginável, imensa e superior a toda inteligência. Olhe para o céu, veja o sol, a lua, pense nos planetas, nas constelações, nas galáxias... Pense na Terra, nos animais existentes nela, nas árvores, no ar, na água... Tudo é muito organizado e equilibrado para ter sido criado do nada, tirado do nada. O nada nunca deu algo. Essa Fonte Criadora, essa Força Criadora de tudo e de todos, damos o nome de Deus. Essa Energia infinita que nos sustenta, de onde tiramos coragem, fé, vigor, firmeza, confiança, segurança damos o nome de Deus. Existem outros que dão outros nomes, não importa. Estamos falando da mesma coisa, da Divindade, do Pai da Vida, nosso Criador.

— Por que existimos?

— Porque Deus nos criou. Somos centelhas Dele. Somos Seus filhos. Estamos aqui para evoluirmos. Enfrentamos dúvidas, angústias, inseguranças e muito mais para aprendermos a desenvolver o amor. Desenvolver o amor incondicional é uma busca constante.

— E para que precisamos desenvolver esse tal amor incondicional?

— Para termos paz. Na paz, o sofrimento não existe. As dúvidas se tornam certezas, as angústias desaparecem, a insegurança se torna fé.

— Não sei se estou entendendo, senhor Anastácio — disse Marcelo, mais humilde, com um semblante sem arrogância.

— É mais ou menos assim... — o senhor caminhou dois passos e, com a vassoura nas mãos, sentou-se no degrau da escada, quase ao lado do adolescente. Com voz calma, disse: — Não somos iguais. Cada um é cada um. Daí que nós somos colocados em várias experiências de vida, de acordo com o que precisamos para a nossa evolução. Então, conforme a nossa atitude, compreensão, boas ações nós deixamos de sofrer. É simples e complicado — o senhor sorriu. — Tudo o que nos faz sofrer, como por exemplo: um problema, um parente difícil, um colega que nos faz mal... Tudo o que acontece é para nos provar, é para nós termos atitudes boas, nobres e corretas. Nada escapa aos olhos de Deus, pois Ele, que é o Criador de tudo, está em tudo, inclusive, em cada coração. Deus nos ama. Ele ama a todos igualmente. Deus não ama a mim mais do que a você. Ele não ama mais a você do que aquele seu colega evangélico.

— Ei!... Já vai pegar no meu pé, vai?

— Não. Quem sou eu para fazer isso. Só estou explicando. Pense comigo... Para ter competência de criar tudo o que existe no Universo, tem de ser muito bom, equilibrado, correto e justo. Então, esse Ser Supremo não ama mais a você do que a mim, porque Ele é bom, justo e equilibrado... Ele quer que nós dois, e também todos os Seus outros filhos, deixem de sofrer e evoluamos, encontrando a paz verdadeira e não as alegrias falsas. Daí que, quando eu maltrato você, mais cedo ou mais tarde, eu sofro. Não porque Deus quer, eu sofro por causa da minha consciência que me cobra. Sofro porque minha natureza é boa. E minha natureza é boa porque o Cara que me criou é bom, equilibrado, correto, justo. Eu tenho de deixar de ser mau para ser igual ao Pai Criador. — O senhor Anastácio viu o jovem com olhar perdido, muito reflexivo. — Nada é por acaso. Estamos na família certa. Aqueles que nos rodeiam são as pessoas certas. Tudo e todos existem para contribuir com a nossa evolução em busca de paz.

— Mas... E se, em casa, não encontramos aqueles que nos orientam nem querem nos ouvir?

— Tá aí uma boa pergunta... — O senhor franziu o rosto, mas, em seguida, um relampejo de inspiração o fez responder: — É porque, muitas vezes, temos a oportunidade de chamar essas pessoas às suas responsabilidades, à evolução.

— Como? — o jovem quis saber.

— Já pensou em dizer a eles o que sente? Já pensou em cobrá-los de suas responsabilidades? Já pensou em reclamar a falta de atenção, de orientação, de amor?...

— Não é fácil fazer isso.

— Mas é possível. É preciso. Sabe, Marcelo... Uma das coisas que precisamos fazer para o nosso bem--estar é buscar o equilíbrio. Nem muito para um lado nem muito para o outro. Isso serve para tudo na vida. Geralmente, as pessoas ou reclamam demais, reclamam excessivamente e se desesperam ou se calam totalmente. Não contam nada sobre seus sentimentos e emoções. Os dois extremos são prejudiciais. O ideal é falar com calma e paciência procurando explicar, com bondade, o que lhe falta. Não é bom falar a ponto de ser egoísta e só comentar de si, só narrar sobre seus problemas, suas dificuldades, suas dores... Isso é egoísmo. Também não podemos calar e nos mostrarmos inabaláveis, parecendo que nada incomoda. Isso é orgulho. Necessitamos buscar um jeito de demonstrar que existimos, que sentimos, que temos opiniões, dores, alegrias... As pessoas precisam saber o que nos agrada, o que nos preocupa, o que nos magoa...

— Meus pais são muito ocupados.

— Problema deles — disse o homem. O garoto riu. Vendo isso, o senhor Anastácio completou: — É verdade. O trabalho e seus desafios são problemas deles. Você não. Você não é um problema. Você é o filho. Se seus pais não sabem disso é porque não aprenderam, mas podem descobrir agora. Com calma, com tranquilidade, você pode dizer isso a eles. É necessário que saibam disso, antes que apareçam na sua vida, Marcelo, aqueles que vão ouvi-lo, os que vão lhe dar atenção, orientações erradas... Cobre dos seus pais atitudes, cobre dos seus pais a presença de Deus na vida de vocês. Cobre deles atenção. Fale. Você poderá falar tudo, sem rebeldia, sem revolta, sem raiva, sem agressividade. Aliás, quanto mais tranquilamente se expressar, mais será ouvido.

— E se eles não derem atenção? E se rirem de mim?

— Você é um rapaz inteligente. Muito esperto. Tem condições de buscar o que quiser por meios próprios. O que não pode é manifestar o que falta na sua vida por meio de zombaria, *bullying*, maldade de qualquer espécie com os outros só para se sentir melhor.

— Não me sinto melhor quando faço zoeira com alguém... É que... — não sabia se explicar.

— Se não se sente melhor, por que faz isso? — Não houve resposta. — É que sua dor dói tanto que não sabe lidar com ela. Quer que mais alguém sofra o que está sofrendo. Todos que debocham, fazem zombaria, *bullying*, são intolerantes, são preconceituosos, são críticos têm uma dor imensa dentro de si e não sabem o que fazer com isso. Quando descobrirem que o amor e a compreensão são os caminhos da paz e do alívio, eles mudarão e vão buscar ajudar. Mas, para chegarem a esse ponto, é preciso aceitar Deus e entender Sua justiça. Compreender que nada é por acaso e tudo o que acontece é para mudarmos a nós mesmos. — Breve pausa e orientou: — Busque Deus, em vez de colegas suspeitos e questionáveis. Converse com seus pais, antes de conversar com pessoas que inspiram desconfiança. Você não está só na sua dor, na sua angústia, nas suas dúvidas. Você tem Deus. Só precisa saber como chegar até Ele e receber conforto e confiança através da fé. É Deus que falta para os jovens de hoje em dia. — Dizendo isso, o senhor Anastácio se levantou.

Quando deu a impressão de se afastar, ouviu de Marcelo:

— Valeu... Obrigado... — falou baixo e timidamente.

— Eu que agradeço por me ouvir.

Viu o garoto sorrir e se virou para cuidar do seu trabalho.

Em casa:

— Você está ficando bobo?! Que história é essa de que está faltando Deus nesta casa?! Por acaso Deus é quem põe dinheiro aqui? É Deus quem compra comida e dá a você todo este conforto?! — ressaltava o pai, irritado.

— Mas é que... Sei lá, pai!... — Marcelo não sabia se explicar. — A gente não conversa e...

— Conversar?! Eu mando mensagem todos os dias para você! Pergunto como foi o seu dia! Dou do bom e do melhor! Não lhe falta nada! O que mais você quer?!

— Que me escute, droga! Que saiba como me sinto!

— Frescura! Isso o que sente é frescura! — o homem berrou.

O filho virou as costas e foi para o seu quarto.

Quando a mãe chegou, ficou sabendo, pelo marido, o que havia acontecido.

— O que será que deu na cabeça desse menino?! Ele tem tudo! Não sabe o que é passar fome nem frio! Não tem qualquer necessidade! O que mais ele quer?

— Quer se sentir filho — a esposa murmurou.

— O quê? — indagou como se não houvesse entendido.

Em tom triste, a mulher decidiu contar:

— Hoje cedo, uma outra diretora da empresa não foi trabalhar. O motivo foi que seu filho de quinze anos se suicidou. O menino, antes de tirar a própria vida, escreveu uma carta, que foi fotografada antes de a polícia chegar e posta no grupo... — contou estarrecida. — Muita gente reclamou da carta deprimente, mas eu li. Li, pensando no Marcelo, pensando no meu menino. O garoto, filho dessa diretora, dizia que tinha medo, dúvidas, angústias... Disse que os amigos não supriam o que ele precisava. Aliás, falou que nem ele sabia do que precisava. Confessou que começou a usar drogas para agradar aos amigos que lhe davam atenção. Além disso, esses novos amigos eram os únicos que lhe davam atenção... — lágrima correu em seu rosto. — Reclamou de um vazio, de se sentir inútil, de parecer invisível para os pais que lhe davam tudo... Naquelas linhas, eu vi meu filho, meu Marcelo... — secou as lágrimas com as mãos. Depois prosseguiu: — Fiquei me perguntando: quantas vezes, mesmo tendo tudo, o Marcelo teve nossa presença ao lado, ouvindo-o com toda a atenção? Quantas vezes sentiu-se inseguro, mas mostrou-se alegre e satisfeito como uma forma de tentar retribuir tudo o que recebeu de material de nós? Quantas perguntas nosso filho não quis fazer, mas teve receio de se sentir ridículo? Quantas vezes experimentou medo, mas se calou para não parecer inferior? E sabe por que de tudo isso? — olhou para o marido. Diante do silêncio, respondeu a própria pergunta:

— Por falta de afinidade, por falta de aproximação. Nosso filho, assim como o filho da diretora, não se sente próximo de nós. Ele tem medo. Medo de se expressar.

— Não seja ridícula! Por que ele teria medo de se expressar?! Por que ele teria medo de se aproximar?!

— Porque lhe falta Deus. Quem tem Deus, não tem medo e, se acaso tiver, apega-se a Deus e vai com medo mesmo. Nosso filho teve tudo na vida, mas não teve Deus. Não existe nada nem ninguém que possa suprir ou substituir a força que a crença em Deus oferece a uma pessoa. E isso tem de ser demonstrado e ensinado desde o berço, mas nós não o fizemos. Eu só entendi isso hoje, quando uma senhora da limpeza disse: "Se o jovem aprender o caminho para Deus, ele dará outro rumo para a vida. Nossos jovens precisam de Deus." Então, fiquei pensando... Quando foi que ensinamos sobre Deus para o nosso filho? Quando foi que falamos ao Marcelo sobre a importância da vida humana? Quando foi que conversamos sobre princípios e valores para a própria vida?

— Temos de trabalhar para mantermos esta casa e nosso conforto! — praticamente esbravejou.

— E quando é que temos de parar para viver a vida de verdade? Tudo o que temos de material não vai significar nada quando partirmos deste mundo. Nossos colegas de trabalho, aos quais damos tanta atenção e importância, serão os primeiros a nos abandonar quando precisarmos. Hoje, ninguém parou de trabalhar para apoiar aquela diretora. No máximo, amanhã, alguém da empresa irá ao enterro representando a organização. Depois, ela que fique só com suas dores e seus arrependimentos por não ter tirado um tempo para amar seu filho, pois eles precisam, antes de tudo o que tem de material, de amor e de nossa presença, junto, é claro, da presença de Deus.

— Ora... Mas...

— O que é mais importante na sua vida? Para mim é meu filho! Vou vê-lo agora — dizendo isso, foi até o quarto de Marcelo.

Lá, conversaram por horas... Como nunca fizeram antes.

O jovem revelou que novos colegas se aproximaram dele e ofereceram substâncias duvidosas, dizendo que seria uma *curtição*, um *barato* legal, que o deixariam o máximo.

A mãe logo entendeu que se tratava de aliciadores para o mundo das drogas. Conversou com o filho e o orientou como deveria.

Começou a se fazer mais presente, falando sempre com calma e o fazendo pensar.

Passadas semanas, a mãe do jovem foi até a escola à procura do senhor Anastácio.

Ao lado do filho, a mulher disse:

— Viemos agradecer ao senhor. A conversa que teve com o Marcelo foi muito importante para as nossas vidas.

— Ora, senhora... Eu disse o que disse, mas foram vocês quem fizeram algo com o que falei. Não tem de me agradecer não.

— Temos sim. O senhor colocou uma luz em nossas vidas. Decerto nós teremos de fazer nossa parte e aprender a buscar Deus e outras coisas que nos tragam paz e equilíbrio.

— Sabe, senhora, muitos jovens, hoje em dia, sentem-se perdidos, não se encontram, não sabem o que querem da vida nem o que podem fazer, por eles mesmos, por uma única razão: eles não ouviram falar de Deus. Aquele que não encontra Deus, não sabe se encontrar nem sabe para onde ir. Acaba se perdendo e vivendo um inferno dentro de si. Nossos jovens não respeitam e não se respeitam, buscam as drogas e a degradação de toda forma porque não se sentem agasalhados pela família, que deve acolher, proteger, orientar e, acima de tudo, falar sobre Deus. A fé no Pai Criador é o que nos dá força em todos os momentos. A fé precisa ser ensinada e lembrada.

— Que religião ou filosofia o senhor professa?

— Eu sou espírita. Espiritismo é Jesus. Tudo o que o Mestre Jesus ensinou o espiritismo ensina a praticar. O espírita verdadeiro respeita toda e qualquer pessoa e religião, pois sabe que Deus é encontrado de diversas formas e vive dentro de cada um de nós.

— Obrigada, senhor Anastácio. Vou procurar conhecer mais sobre Espiritismo.

— A senhora vai gostar — tornou o homem com suave sorriso. — Mas se não gostar, não desista. Sempre existe uma filosofia ou religião que agrada a nossa alma. Procure-a.

Naquele instante, o garoto evangélico, que Marcelo aborreceu tempos antes, caminhava a alguns passos dali.

Marcelo pediu licença e correu atrás do jovem.

— Ei!... Thiago! — Mais próximo, quando o viu olhar, disse: — Oi... Tudo bem com você?

— Tudo... — respondeu receoso. Talvez esperasse algum tipo de agressão.

— Eu... Bem... Eu quero pedir desculpas a você.

— A mim?

— Sim. Quero te pedir desculpas por ter zoado você e... Não devia ter feito isso. E... — prosseguiu.

De longe, o senhor Anastácio e a mãe de Marcelo observavam. O senhor, sorrindo, disse:

— Todos nós temos bons filhos. São joias que Deus nos confiou. É necessário orientar, dar atenção, corrigir sempre e amar eternamente. Todos os jovens têm bom coração. Basta tirar o que não presta da frente deles.

— Estou aprendendo isso, senhor Anastácio. Conversando com meu filho, ele me contou tudo o que aconteceu. Deixei que falasse e fiquei muito surpresa e triste comigo por não ter feito isso antes. Perguntei se se sentiu bem com o que falou ao outro garoto. Respondeu que não. Sugeri que se desculpasse. Depois, o Marcelo me contou sobre os novos amigos, sobre a oferta de drogas... Falou sobre muitas coisas até sobre o senhor. Eu agradeci a Deus por ter feito o senhor chegar até ele. Por isso, vim agradecer ao senhor. Devo afirmar que tenho muito o que aprender e melhorar.

— Que bom, senhora. Humildade é admitir o que não se sabe e grandioso é aprender e se esforçar para ser cada vez melhor. Quem faz isso, pode se considerar nobre.

Sabe-se que Marcelo se afastou dos amigos incompatíveis a uma vida equilibrada e próspera assim que os pais se aproximaram mais dele, dando-lhe atenção em vez de presentes. Aos poucos, o jovem aprendeu mais sobre respeito e empatia, graças aos pais que procuraram dar a ele outro tipo de riqueza que não se compra e só se encontra em Deus. Marcelo haveria de se tornar um grande homem, muito mais preparado para a vida.

Erick Bernstein

7

MUITAS MORADAS

Na vida terrena, muitas pessoas não atentam ao fato de que Deus sempre está presente, ajudando na caminhada e permitindo novas oportunidades, aqui, para repararem as falhas cometidas no passado.

O senhor Durval era uma dessas pessoas.

Havia menos de um ano, após uma perda que o deixou arrasado e sem motivação para a vida, que ele decidiu pegar um dos livros que sua amada filha lia. Tratava-se de um romance mediúnico também chamado de romance espírita.

Começou a ler e a trama até o atraiu. O enredo era muito bom e empolgante, mas, como muitos que iniciam nesse tipo de leitura ou conhecimento, parou no meio da obra e ficou incrédulo ao ensinamento e às reflexões que o livro trazia.

Por alguns instantes, pensou:

"Aquilo poderia ser possível? Haveria outras moradas na espiritualidade que não conseguia ver? Como confirmar se era verdade? Decerto, poderia ser o capricho da imaginação do médium escritor. Fantasias e devaneios desse autor e que ninguém poderia comprovar."

Isso o deixou intrigado.

Com o literário entre as mãos, ficou pensativo. Seu coração estava amargurado demais por suas dores e perda. Buscava algo que aliviasse a sensação desagradável que o consumia. Suas perguntas não tinham respostas. Nem mesmo saberia dizer se, naquela fase de sua vida, acreditava em Deus.

Por que um Deus permitiria alguém tão jovem morrer antes de seus pais?

Com todas essas indagações irmanadas à tristeza devastadora, ele adormeceu lentamente...

Nesse instante, deixou-se entrever por imagens que, aos poucos, tornaram-se vivas em sua mente.

Mergulhado em uma espécie de sonho, que lhe parecia real, reconheceu paragens antigas da Europa, talvez do século XVIII ou XIX, onde os mais poderosos oprimiam os mais fracos por seus interesses e ambições em riquezas e mais posses.

De modo claro, ele se via como senhor rigoroso, dono de terras imensas entre muitos outros bens. Seus desejos eram absolutos. Possuía poder e dinheiro que garantiam as realizações de suas vontades.

Ganancioso, sempre desejava mais, não importava a que custo. E, para aumentar seus bens materiais e enobrecer o nome da família, Durval se viu consorciando sua filha preferida a um casamento de interesses.

A ausência de amor, a repúdia ao homem com quem deveria se casar, trouxeram sentimentos de desespero e terríveis conflitos à jovem, que implorou para que aquilo não acontecesse a ela.

Isso não adiantou e o casamento aconteceu.

O desgosto e a desilusão tomaram conta do coração de sua filha, que não encontrou esperança para se livrar daquela união infeliz e do marido indesejável. Os dias de casada viraram torturas indizíveis e irremediáveis.

Aflita, por entender que não havia solução, desiludida e entristecida, a bela jovem lançou-se ao suicídio, ingerindo poderosa poção venenosa.

Desgostoso, o pai viveu longos dias terrenos entregue aos amargos remorsos ao entender que a filha amada preferiu morrer a viver infeliz e presa a um casamento tenebroso.

Na espiritualidade, ela vivenciou dores e sofrimentos indescritíveis, arrependimento inenarrável, que lhe perturbou a consciência de modo terrível. Era uma dor consciencial da qual não conseguia fugir, por mais intenso que fosse o seu desespero. Ficou décadas atormentada e aflita rogando perdão, disposta a fazer qualquer coisa para retratar o ato insano de ter tirado a própria vida. Só então entendeu que a existência lhe foi dada de graça e que a experiência terrena era para assimilar lições de amor e bondade para consigo e para com o próximo, pois, somente quando experimentamos na própria pele o que fizemos aos outros, somos capazes de aprendermos a respeitar, amar e viver em paz.

Pela bondade e justiça de Deus, ela foi socorrida. Encontrando-se em lugar regenerador, em um plano seguro na espiritualidade. Aprendeu a importância de agradecer a vida e buscar elevação, seja qual for a circunstância, porque, ao morrer, a morte é somente do corpo, uma vez que o espírito vive por toda a eternidade.

Passado o tempo, o pai, também na espiritualidade, encontrava-se perdido em torturas conscienciais pelo que havia proporcionado à filha querida e também por outros débitos adquiridos devido a sua intolerância, austeridade e ganância. Ele revivia pesadelos, angústias e dores por tudo. Acreditou estar em purgatório aguardando o juízo final. Mas não.

Porém, sem que esperasse, a filha amada saiu de lugar de refazimento para socorrê-lo e o fez com um abraço de perdão e amor fraterno. A perturbação que ele experimentava era tão intensa que não conseguiu assimilar muitas coisas naquele momento. Sabia que estava arrependido, mas ainda não entendia porque a filha estava ali, quando deveria viver no inferno como aprendeu pela tradição religiosa que conhecia.

Ambos, enlaçados, concordaram que haviam errado e o arrependimento tomou conta de seus corações. Cada qual, com seus débitos, aceitou retornar à vida terrena para resgatar o que era necessário a fim de aprender, sem queixas, a se empenhar pela vida, pelo amor, pelo respeito a si e aos outros.

Em nova oportunidade terrena, com a bênção do esquecimento, a proposta era de se ajudarem, repararem e crescerem como espíritos criados para a eternidade. Mas o homem, ainda era arrogante e orgulhoso. Relutava aceitar os desígnios de Deus e as harmonizações a fazer.

Sobressaltando, o senhor Durval despertou do sonho nítido e se reconheceu claramente na figura passada daquele senhor arrogante, amargo, ganancioso, opressor e que consorciou a filha a uma união de interesses.

Percebeu também que sua atual filha, querida e amada, Maria Elvira, no passado, foi aquela que se suicidou por ele tê-la obrigado a um casamento infeliz.

A presente existência terrena acontecia daquela forma para que ambos, finalmente, se ajudassem por completo. A filha, além de harmonizar-se pelo suicídio cometido no passado, era instrumento de amor para o seu pai, que despertaria, não somente sua fé em Deus, mas também, para o entendimento da necessidade da reencarnação.

Tudo passou a fazer sentido.

O senhor Durval começou a entender a razão de Maria Elvira, na presente encarnação, ter experimentado a difícil prova com o câncer no aparelho digestivo.

No passado, pelo envenenamento, ela destruiu o conjunto orgânico de finalidade específica para se suicidar e deixar de viver.

Havia menos de um ano de seu desencarne e ele desejava entender o porquê. Necessitava de resposta e as buscava...

Angustiado pela perda e sem saber o que fazer, naquele dia, o senhor Durval foi a mexer nas coisas da filha e encontrou vários livros. Lembrou-se de quando ela, em vida, contou que conheceu a Doutrina Espírita. Disse que tudo o que aprendia, com a nova filosofia, fazia sentido e lhe dava explicações e justificativas para as desigualdades do mundo e da vida, para os ganhos e as perdas terrenas. Recordou-se de que, ao descobrir a doença, a jovem não se revoltou. Apesar de triste, encarou tratamentos e se apegou, acima de tudo, a Deus, com fé e esperança em dias melhores, aqui ou em outras moradas na casa do Pai. Ela chamava a isso de resignação.

Por mais que Maria Elvira tentasse lhe ensinar e explicar, ele nunca dava atenção aos ensinamentos. Até brincava com ela a respeito desses assuntos.

O senhor Durval até admitia que, por vê-la tão otimista e alegre diante de tamanha dificuldade, passou a ter curiosidade para conhecer o Espiritismo para saber o que deixava sua filha melhor, animada e cheia de esperança naquela situação.

Quando acompanhou sua partida, viu-se tomado de grande revolta e inúmeras indagações de o porquê aquilo aconteceu.

Lendo o romance, que trazia explicações a respeito das dificuldades terrenas, achou interessante, mas duvidou por se tratar de algo que ninguém poderia provar ter acontecido.

Porém, o sonho...

Como explicar? Tratava-se da resposta que tanto desejava? Teria sua filha, como a personagem do romance, encontrado a paz e o alívio para suas dores conscienciais através da prova com aquela doença? Teria ele, ao seu lado, cumprido sua expiação ou prova, reparado o abandono do passado, quando não atendeu as suas súplicas, não se importou com suas dores e queixas que a levaram ao suicídio? Teria, com essa experiência, aprendido a não mais ser ganancioso, autoritário, opressor? A dor de perder a filha era a lição para que se corrigisse por tudo o que foi e fez no passado?

Uma coisa tinha certeza: de que o que sentiu e experimentou foi muito forte. Não poderia negar nem explicar.

Foram os melhores esclarecimentos para sua vida e tudo o que aconteceu nela.

Não era fácil perder um filho jovem, que tinha tudo pela frente. Mas era possível acreditar que Deus era justo e que para nos elevarmos precisamos de paz. Ninguém é feliz quando tem débitos com o semelhante e, consequentemente, com Deus.

Entendeu que qualquer revolta, nesse momento, só pioraria a situação. Não poderia, não deveria ficar parado, estagnado, pois a vida continuava e, certamente, ele se encontraria novamente com a filha amada e quando isso acontecesse, desejaria estar mais elevado no nível dela.

Uma luz de esperança invadiu-o. Ficou perplexo com a gota de alívio à sua dor e acreditou que poderia melhorar a partir disso. A fé e a esperança renasceram. Compreendeu que somos seres criadores de amor, alegria, tristeza, esperança, desgosto, contentamento, satisfação, júbilo... Haveremos de provar o que oferecemos. Tudo fica registrado.

Ele não pôde ver, mas nesse instante, o espírito Maria Elvira estava ao seu lado. Equilibrada e feliz, curvou-se, o beijou ternamente na face e ainda disse:

— Papai, não se importe se os romances são verdadeiros ou não, se as histórias aconteceram ou não. Decerto, o autor, no mínimo, baseou-se em casos reais, pois quais de nós seríamos loucos para expormos nossas vidas passadas ou presente para avaliação de seres humanos ainda em evolução e, portanto, tão críticos? Lembre-se de que, verdadeiras ou não, o objetivo é levar reflexões a nossa consciência para que possamos seguir por caminhos bons e elevados, alcançando a paz e a verdadeira felicidade. Lembre-se também de que o Mestre Jesus nos ensinou por meio de parábolas, que nada mais são do que alegorias, histórias comparativas, para que possamos ser criaturas melhores. Pense nisso.

Afagou-o e o beijou, novamente, sentindo-se feliz.

Junto com seus amigos, ela partiu para um lugar, na espiritualidade, adequado a sua elevação e para prosseguir na evolução bem mais feliz do que, um dia, foi, pois sua consciência estava leve e tranquila.

De imediato, o senhor Durval se sentiu invadido de fé e esperança. Desejou aprofundar seus conhecimentos. Gostaria de aprender muito mais.

Deixou reservado o romance que pretenderia terminar de ler mais tarde.

Levantou-se e foi à direção da estante, apanhou um livro muito importante de que a filha havia falado: *O Livro dos Espíritos*.

...e iniciou nova leitura.

Erick Bernstein

8

A HISTÓRIA DE RUNTÁ

"Bem-aventurados os pacificadores porque serão chamados filhos de Deus." – Jesus (Mateus, 5:9)

Runtá, jovem, saudável e livre, andava pelas matas admirando a paisagem agreste em meio à selva que se habituou. Nunca conheceu outro lugar no mundo.

Estava à espreita para caçar algo a fim de levar para casa e ter uma refeição abundante junto à sua família.

De repente, ouviu um barulho muito estranho e uma rede foi lançada sobre ele.

Assustou-se muito e começou a se debater na tentativa de livrar-se das malhas. Porém, quanto mais se agitava, mais embolado ficava.

Por um instante, por entre os buracos da malha, pôde ver cinco homens com roupas esquisitas, pele clara e que falavam uma língua estranha. Junto a eles, havia aqueles que pôde identificar muito bem: eram de sua cor, falavam o seu dialeto e usavam vestimentas parecidas com as suas. Mas, quando tentou saber o que acontecia, foi golpeado na nuca e desfaleceu.

Acordou horas depois, sendo arrastado para entrar a bordo de uma embarcação conhecida como Navio Negreiro.

Acorrentado a outros de sua tribo, não podia falar, não podia se mexer ou se levantar e não sabia o que estava acontecendo.

Em seus pensamentos, muitas indagações:

"Quem seriam aqueles homens?"

"O que queriam com ele e com os demais de sua tribo?"

"Para onde os estariam levando?"

Sob berros, eram empurrados para se moverem. Sem direito a explicações, todos permaneceram presos como animais. Eram maltratados e até espancados quando não obedeciam às ordens dadas.

Mas como obedecer a ordens que não entendiam?

Chegaram a tirar a vida de alguns, quando não atendiam as determinações, e seus corpos jogados ao mar. Talvez até fizessem isso para mostrarem poder e serem obedecidos.

As humilhações eram constantes e a flagelação quase que total.

Junto com os demais, Runtá foi levado para o porão da embarcação, acorrentado e imobilizado, rumo às terras ou lugares que jamais poderia imaginar.

Viajaram todos assim e, por tantos dias, que nem saberiam dizer quantos.

O cansaço, o mal-estar e a fraqueza, devido à péssima alimentação, deixaram Runtá e os outros em um estado deplorável. Viviam em condições sub-humanas, lastimáveis.

Muitos que viajavam naquelas circunstâncias adoeceram, por isso mesmo antes de morrerem, foram lançados ao mar com um destino cruel.

Ninguém poderia contestar nada.

Fim da viagem.

Apesar de tudo, Runtá conseguiu chegar ao novo continente. Não fazia ideia de onde se encontrava. Só percebia que tudo, exatamente tudo, era muito diferente do que conheceu em sua vida inteira. Pessoas com outra aparência, pele alva e vestimentas estranhas... Idioma desconhecido, que jamais tinha ouvido... Aquele acontecimento era anormal, misterioso, desagradável e impunha medo. Muito medo.

Pensava em sua família:

"Como estaria sem ele? O que pensaria sobre o seu sumiço?... Desejava voltar, mas, como?"

Ele foi separado em um grupo cujas aparências assemelhavam-se pela altura, pelo porte físico e idade.

Praticamente nus, expostos como mercadorias, foram reunidos em uma praça e observados por vários interessados, que os examinavam.

Ainda não sabiam o que estava acontecendo. O medo e o terror os dominavam. Faziam-se firmes, mas seus corações apertavam pela insegurança e angústia do que pudesse vir.

Um senhor, com aparência dura e arrogante, apontou para Runtá com o cabo de um chicote e disse alguma coisa.

Ele foi escolhido e vendido por algumas moedas.

Praticamente arrancado daquele palco e de perto dos demais, foi amarrado e posto em uma carroça, sendo levado para lugar ainda mais desconhecido.

Em terras estranhas, assustado, não compreendia os costumes nem o que era dito, levando-o a suportar castigos terríveis pela simples ignorância, pela simples condição de não entender.

Até que encontrou pessoas semelhantes a ele, que falavam algo parecido ao seu dialeto natal. Só então entendeu que era escravo em um país chamado Brasil, do qual nunca ouviu falar. Procurou aprender a nova língua e buscou se adaptar.

Prestava duras tarefas sob o sol ou chuva, frio ou calor, são ou doente a um orgulhoso senhor que nunca o olhou na face. Seus trabalhos forçados eram pagos, apenas, com as sobras de pobre alimentação e trapos que lhe serviam de roupa.

Sentia muita saudade de casa, de sua família, do lugar onde viveu... Muitas vezes, chorou escondido por conta disso.

A revolta e a indignação eram sentimentos constantes. Não tinha como ser diferente. Principalmente, quando um dos de sua cor era amarrado ao tronco e chicoteado ou esfolado ou queimado.

Nada fazia sentido. Não entendia a obrigatoriedade, a necessidade de tudo aquilo. A cor da pele, os costumes, o idioma eram motivo de separação de seres semelhantes. Não entendia a violência gratuita nem por que foi tirado do seu lar e de perto dos seus entes mais queridos.

Resignado, questionou suas condições sim. Mas não havia o que fazer.

Com humildade, foi aprendendo com os mais velhos o que seria melhor fazer e sempre ouvia: "Seja pacífico. Os rebeldes sempre perdem a batalha, pois são tão ou mais agressivos do que os que dominam à força." Então, procurou transmitir harmonia e paz ao seu redor, por meio do comportamento manso e fiel aos seus princípios morais, aprendidos com seus pais em terras muito distantes e também com os mais experientes com quem convivia.

Acreditava que um ser invisível falava com ele e tocava seu coração confortando e orientando. De alguma forma, sentia que deveria ser prudente. Que aquela era uma missão em conjunto com uma expiação e uma provação necessária e passageira. Nada seria eterno.

Os mais experientes, que viviam ao seu lado, deram-lhe explicações a respeito disso. Eram muitas lições para aprender com os anciões, as pretas e pretos velhos, e Runtá o fazia sempre com muita atenção.

Descobriu, aprendeu e entendeu que era amparado e que algo maior e invisível o protegia de algum jeito. E quanto mais pacífico, sereno, manso e prudente fosse, mais conseguiria entender os seres invisíveis.

A morte do senhor arrogante, que o comprou, trouxe paz àquelas paragens.

Seu herdeiro, que parecia austero, era mais humano. Não demoraram a descobrir que ele comportava-se daquele jeito só por ter sido ensinado assim por seu pai.

Atendendo aos pedidos de seres invisíveis e as orientações dos mais velhos, Runtá procurou se aproximar do novo senhor. Conversava educadamente, explicava o que era necessário e, assim, foi conquistando a sua simpatia.

O homem tornou-se mais cortês a cada dia. Aos poucos, reconheceu a dureza dos trabalhos de seus escravos, as condições sub-humanas e passou a conceder direitos e favores, além de vida melhor.

Para ouvir os sussurros das inspirações invisíveis, é preciso silenciar a mente e Runtá aprendeu isso graças à sua serenidade. Sempre aproveitou a sabedoria dos mais velhos de seu povo, ouvindo-os, perguntando e buscando aprender. Esse era seu caminho, a sua missão.

Um dia, o senhor daquelas terras chegou desesperado à procura de ajuda para sua filha pequena, pois o médico, que poderia socorrê-la, desenganou a menina e disse que nada mais poderia ser feito.

Em extrema aflição, entregou a garotinha nos braços de Runtá. Assustado, ele temeu fazer o que sabia, o que acreditava e a última coisa que restava ser feita... Com a criança no colo, foi para o terreiro perto da senzala, ajoelhou-se e orou com toda a força de seu coração.

Ao vê-lo, outros de seu povo rezaram também. Oraram, cantaram, bateram os tambores, fizeram uma espécie de dança em rogativa, chamando por forças que não se deixam ver.

Ramos verdes foram passados sobre a menina. Com erva conhecida e esmagada, prepararam um chá que foi dado à criança.

...e os seres invisíveis ajudaram.

A menininha foi entregue ao pai, que a levou para a casa grande com algumas recomendações.

Três dias depois, a garotinha brincava no quintal...

O senhor, humilde e extremamente feliz, foi pessoalmente agradecer a todos pelo socorro a sua filha desenganada e que, agora, graças a eles, corria feliz pela fazenda. Em reconhecimento, o senhor libertou todos.

A maioria não tinha para onde ir e decidiu ficar. Continuaram trabalhando em condição não escrava. Ainda grato, o senhor daquelas terras propôs melhores maneiras de viver e tratamento digno, prometendo, no futuro, assalariá-los. Algo inédito, até então, na terra do pau-brasil. Mas, aconteceu...

Nada foi por acaso. A serenidade de Runtá e de seu povo foi uma bênção. A rebeldia nunca os favoreceria em nada.

A doença da garotinha foi necessária a fim de testar a humildade de seu pai para procurar auxílio entre aqueles que lhe foi ensinado a ignorar, menosprezar e agredir. A ausência de ódio e vingança daqueles que socorreram serviu de grande lição e libertação. A cura da menininha fazia parte do planejamento da espiritualidade, que desejava mostrar e ensinar grande lição a todos.

Apesar das dificuldades, Runtá constituiu família e buscou passar adiante tudo o que aprendeu com os mais sábios e com as experiências pessoais. Até o fim de seus dias, ensinou amor, calma, bom ânimo... Orientou para buscar clareza e compreensão antes de julgarmos... Incentivou a coragem e a serenidade para prosseguir na jornada. Foi um preto velho que deu orgulho aos seus ancestrais...

Runtá e seu povo araram e semearam o solo brasileiro por muitos anos antes de partirem com a consciência tranquila por terem cumprido suas missões. Ajudaram colonos e os seus filhos. Constituíram famílias, que se multiplicaram e se espalharam por todos os cantos deste amado país, aumentando a população e o desenvolvimento. Deixaram sobre o solo produção fértil de lavouras e novos grãos a germinar, a fim de alimentarem outros irmãos. Contribuíram com costumes, cultura, crenças, religião e religiosidade... Porém, algo importante e de muito valor ficou enraizado: a fé e uma visão diferente e muito ampla da espiritualidade.

Quando encarnado, Runtá não soube que contribuía para os desígnios de Deus, além de passar pelas necessárias expiações e provas que o fortaleceram muito e o permitiram saldar débitos passados. Sim, Runtá possuía débitos do passado. Deus não foi injusto com ele.

Aprendeu muito com aquela experiência terrena, que aliviou a sua alma e o deixou verdadeiramente livre. A resignação elevou sua consciência e o fez perceber que existia mais do que aquilo tudo que vivia. Havia algo mais além da vida terrena. Entendeu que os seres invisíveis, que chamamos de espíritos, podem inspirar e amparar muito mais do que imaginamos. Basta silenciar para ouvi-los e fazer preces para se elevar até eles.

Nada é por acaso. Algumas dores não são para atrapalhar a nossa vida, mas sim para permitirem que nosso caminho seja mais livre. Quando não entendermos uma situação, o melhor é orar.

A migração de povos pacíficos e o início de uma colonização miscigenada aconteceram como deveria ser, mas não como precisava. Poderia ser diferente, sem agressões, humilhações... Como o Mestre Jesus ensinou, muitas vezes, precisamos dar a outra face.

No momento certo, os agressivos e cruéis, que usam de força e poder abusivo para suas conquistas, terão de pôr em harmonia tudo o que não fizeram com amor, tudo o que praticaram para o semelhante sofrer. Assim é a Lei.

Nós devemos a todos os "Runtás" e precisamos ter gratidão à herança que seu povo deixou nesta Pátria chamada Brasil. Partes deles estão nestas terras. Eles estão neste solo e em cada grão. São filhos de Deus e nossos irmãos.

Podemos ter sido "Runtás" e não sabemos disso. Mas devemos nos precaver para não sermos mais o "seu senhor" ou reencarnaremos como "Runtás". É a Lei de Causa e Efeito.

Vejamos com bons olhos este solo amado chamado Brasil, a fim de não ser o nosso pensamento o fel a torná-lo improdutivo e triste.

Se temos uma missão é a de agradecer a Deus pela terra em que nascemos, pelo solo em que vivemos, pelo céu que nos cobre e a liberdade que temos.

Não foi fácil o Espírito Ismael, a pedido do Mestre Jesus, administrar tudo, na *Terra do Cruzeiro*, para que chegássemos onde estamos. Não foi fácil o caminho que os nossos antepassados trilharam para alcançarmos nossas atuais condições.

Tudo o que vivemos, de bom ou não, são provas ou expiações pelas práticas do passado.

Vamos nos encher de bom ânimo para seguirmos adiante sem vacilarmos mais.

Tenhamos fé para fazermos o que é correto, a fim de não falharmos com nós mesmo e merecermos o melhor no futuro.

Tomemos as rédeas da nossa própria vida, cumprindo nossa missão, que é a de levar ao mundo a paz, a evolução espiritual e, acima de tudo, a caridade.

Sintamo-nos abençoados para que mais Graças Divinas nos alcancem.

A oração tem poder de promover bênçãos e tudo o que é bom, enquanto a reclamação tem a força de atrair o que não nos serve. A escolha é nossa. Abençoemos nossa vida a começar pela terra em que nascemos.

Não é o nosso país que tem a missão de levar ao mundo o exemplo de paz, somos nós. Nós somos o Brasil.

O Brasil é o celeiro do mundo, pois nele vive a liberdade religiosa, capaz de trazer o pão ao espírito, saciando a fome de quem busca o Evangelho do Cristo, pois este é o Brasil de Jesus.

Por isso, como Runtá, agradeço a bênção de ter sido trazido para este solo sagrado e abençoado. Agradeço pela oportunidade de resgatar o que precisava, aprender o que era necessário, servir com amor e me libertar.

Na espiritualidade, após essa encarnação, aprendi muitas outras coisas em escolas celestes.

Descobri que, como Runtá, expiei o que pratiquei em tempos remotos na Europa.

Ainda no plano espiritual, deram-me a oportunidade de executar tarefas junto ao plano físico para ajudar encarnados em elevação, porém não foi o suficiente para minha evolução. Então, senti-me compelido a reencarnar, novamente, mas em um lugar distante do Brasil, com nova roupagem humana, cultura, hábitos e costumes diferentes da última experiência terrena.

Precisaria experimentar outra prova para garantir o abandono da arbitrariedade e egoísmo de ser "senhor".

Muito tempo, após desencarnar como Runtá, reencarnei na Alemanha como Erick. Vivi histórias novas, outras lutas e até pesares...

Isso mostrou que não somos, mas estamos no lugar e em experiência de que necessitamos para trabalharmos nosso equilíbrio, praticarmos o nosso amor incondicional ao próximo e a nós mesmos com perseverança, bondade e prudência.

Estar encarnado, seja na Grécia ou na Roma antigas, na África, na Alemanha, na Inglaterra, no Brasil, não quer dizer nada. Precisamos combater o nosso orgulho, independente da nacionalidade.

O que importa é descobrirmos que somos cidadãos do mundo, espíritos eternos, irmãos, filhos de Deus e é nosso dever evoluir cada vez mais para sermos paz, se quisermos a paz.

Essa é a minha história. E foi por amor e gratidão que retornei à Pátria do Evangelho a fim de novos trabalhos e experiências evolutivas, hoje, na espiritualidade.

Erick Bernstein

*Nota da médium: O livro **Sem Regras para Amar**, de Eliana Machado Coelho e Schellida, publicado pela Lúmen Editorial, traz ensinamentos e reflexões sobre etnia, preconceito, entre outros assuntos relativos a esses temas, mostrando que é a ignorância humana que provoca segregação e dor.

9

A NECESSIDADE DO PERDÃO

A música alegre inundava o ambiente enquanto os pares harmonizados deslizavam pelo salão ao som de alegre valsa.

A beleza era exibida no esplendor das roupas distintas e elegantes, que enchiam de vida e cor todo o recinto, alegrando a visão de todos.

Nos cantos, senhoras reuniam-se em conversa animada, mas um nome era sempre salientado como alvo de comentários mais inflamados.

Flávia, jovem bonita, de inenarrável simpatia e carisma, havia sido tomada como o centro das conversas e dos murmurinhos. Talvez por inveja, talvez por não se prender ao nível de assunto tão deprimente que as demais mantinham.

Moça alegre, vivia agora sob custódia e tutela de seu tio Adolfo, pois os pais e irmãos morreram em um incêndio onde todos os bens, que lhe poderiam sobrar, foram consumidos pelas chamas.

Por estar dependente até das roupas de suas primas, Ane e Caroline, Flávia sentia-se um tanto constrangida e acanhada. Escondida atrás de uma pilastra na lateral do salão, acompanhava a festa meneando o longo e rodado vestido, embalando-se suavemente ao som da melodia, que suavizava o ambiente.

Henrique, jovem ponderado, de educação invejável e cortesia sem igual, a distância, paquerava a moça sem que ela percebesse.

Ele era um dos moços mais desejados do condado, cujas jovens não tiravam o olhar.

Cortês, gentilmente, aproximou-se de Flávia e solicitou ser seu par na próxima valsa. Ela ficou radiante e pareceu brilhar.

Os comentários foram inúmeros. Em meio a tantas outras convidadas de origem mais nobre, o rapaz encantou-se por uma que não tinha posses nem linhagem.

As primas, Ane e Caroline, retorciam-se de inveja, pois não negavam os sonhos, a cobiça e os interesses ambiciosos pelo belo e rico rapaz.

Com o passar dos dias, Henrique solicitou a devida permissão ao tio de Flávia para firmar compromisso sério, uma vez que suas intenções com a jovem eram as mais sinceras e respeitosas.

A inveja de Ane e Caroline era imensa. Não acreditavam que a prima havia conquistado o coração do rapaz mais cobiçado da região.

Revoltada, Ane decidiu destruir a felicidade da prima com calúnias e difamações intoleráveis à época. Para isso, contou com a ajuda de sua irmã.

Murmurinhos, fofocas e olhares recriminadores passaram a ser direcionados à sobrinha de Adolfo que, em meio a tanta alegria, não percebeu o que ocorria.

Sem demora, a família de Henrique tomou conhecimento da reputação malfalada de Flávia e, como era de costume, cobrou do moço um esclarecimento e informações mais concretas diante dos fatos.

O jovem ficou inseguro e incrédulo, mas não poderia deixar tudo aquilo como estava. Flávia lhe devia satisfações.

Procurando-a, imediatamente e sem rodeios, exigiu saber:

— Onde está o filho que esconde? — perguntou o jovem com modos graves.

— Filho?! — assustou-se ela. — Não tenho ideia do que me cobra!

— Não me diga isso! — tornou ele, muito austero. — Toda a cidade comenta! Falam que à época em que se deu o incêndio que matou toda a sua família, você teve uma criança longe daqui, por isso não se encontrava junto a eles! Conte-me a verdade! Prefiro saber por você!

— É mentira! — defendeu-se. A emoção a dominou. Com voz embargada e soluço que não conteve, ainda tentou dizer: — Não pode acreditar nessa mentira!... Não sei qual é a razão para tamanha maldade, mas...

— Prove-me! Dê-me razões para crer que isso é uma calúnia! Se assim for, indique-me a origem de tais boatos! — inquiriu rígido, quase impiedoso.

Nessa época, acusações desse tipo destruíam a vida de qualquer mulher, trazendo-lhe má fama, gerando desprezo e, muitas vezes, abandono.

Fragilizada, Flávia se viu em desespero e caiu em pranto compulsivo. Mesmo assim, tentou argumentar:

— Como posso?... Quem inventou isso... é quem deve apresentar provas...

Henrique ficou contrariado e confuso. Precisava dar satisfações a sua família e também à sociedade, que passaria a vê-lo de modo diferente. Afinal, ele tinha um nome a zelar.

Discutiram.

Nada foi resolvido e o romance de ambos deu-se por encerrado naquele momento.

Em poucos dias, todos puderam ver o abatimento de Flávia, que se enclausurou em seu quarto e não conversava com ninguém.

Semanas seguiram e procurou por seu tio Adolfo, que era benevolente, porém não sabia como auxiliá-la.

O coração da jovem estava despedaçado. Em prece, rogou a Jesus uma solução que pudesse aliviar sua dor, seu sofrimento e sua angústia, pois não conseguiria mais encarar as pessoas nem a sociedade. Sentia-se perdida para sempre.

Após pensar muito, novamente, procurou por seu tio e pediu que a apoiasse a ficar longe da cidade. Contou seus planos e ele a ajudou.

Henrique também ficou abatido com a separação e todos perceberam, entretanto não ousavam comentar.

Com a ausência da prima, Ane passou a procurar pelo rapaz simulando a intenção de consolá-lo e distraí-lo.

Passado pouco tempo, Ane e Henrique assumiram compromisso com o intuito de se casarem. Mesmo diante do desânimo do noivo, o matrimônio foi marcado e deram início aos preparativos para a grande festa.

Ninguém tinha qualquer notícia de Flávia. Somente seu tio sabia onde se encontrava e o que fazia, mas não revelava a ninguém a pedido da sobrinha. Ela foi esquecida e ninguém falava nem o seu nome.

ENTRE VIDAS E DESTINOS

Era princípio de um período inesperado e conturbado, uma vez que a gripe espanhola começava a se espalhar pela Europa e ainda não se tinha muita informação sobre a doença.

Na semana que antecedia o casamento, vítima do vírus, Ane ficou muito doente.

Os médicos não sabiam o que fazer, muito menos a família. Seu estado só se agravava. Na última consulta, o médico não deu esperanças e contou que muitas pessoas da região, afligidas pela mesma epidemia, não estavam resistindo. Por essa razão, muito aflito, Adolfo mandou mensageiro para avisar a sobrinha sobre o estado da prima, que piorava a cada dia.

Sem medir esforços, Flávia retornou ao condado e, para espanto de todos, chegou à residência de seu tio trajada com hábito de noviça.

Somente Adolfo sabia daquela decisão. Os demais ficaram espantados.

Cuidando da prima dia e noite, Flávia ignorava que o casamento de Ane e Henrique aconteceria dali a poucos dias.

Adolfo, então, decidiu que deveria ser ele o porta-voz da notícia, uma vez que, a qualquer momento, o noivo chegaria ali e o fato se elucidaria.

A jovem noviça manteve as aparências, dizendo que se achava comprometida com as obras de Cristo e que nada importaria a não ser a prática da caridade. Mas, seu coração apertava, pois desconfiou de que toda a difamação inventada sobre ela, poderia ter sido feita pela prima, que desejava casamento com alguém de posses.

O previsto aconteceu.

Ao visitar sua noiva, Henrique se espantou com a presença de Flávia e, mais ainda, ao vê-la em seu traje eclesiástico. Ficou perplexo e invadido por sentimento indefinido. Começou a pensar que aquela opção foi devido ao término do compromisso que tinham e à difamação que ela sofreu tão amargamente.

Cumprimentaram-se como se nunca houvesse existido qualquer envolvimento entre os dois. Silenciosamente, sentiram seus corações acelerados e angústia invadindo suas almas.

Na primeira oportunidade, Flávia retirou-se e, em prece, rogou por forças para suportar aquela provação. Ainda o amava muito. Dúvida cruel tomou conta do seu ser, castigando-a de modo hostil.

Teria feito a escolha certa?

Fugir e dedicar-se ao noviciado foi a decisão correta para fugir de seu grande amor?

Poderia servir à caridade e ao Cristo mesmo nutrindo sentimentos por um homem?

Não sabia responder.

No início da noite, a febre de Ane aumentou imensamente. Seus gemidos se faziam ouvir em forma de sussurros, enquanto a prima trocava, frequentemente, as compressas frias de sua testa para reduzir a temperatura.

ENTRE VIDAS E DESTINOS

Mesmo assim, ela encarou firme Flávia e Henrique, que em seu quarto estavam preocupados com seu estado.

Forte arrependimento corroeu a consciência da enferma. Observando o hábito da prima, que esbarrava em seu rosto pelo carinho dedicado e pelo cuidado, chorou e pediu para falar a sós com seu pai.

Após ouvi-la com atenção, apesar da surpresa, Adolfo chamou todos, novamente, para o recinto e a encorajou:

— Fale, Ane... Vamos, minha filha. Confesse o que tanto atormenta sua consciência para que fique tranquila. Eles vão entender... — animou o pai em tom piedoso.

Com lágrimas constantes, dificuldade na fala e muito esforço, Ane revelou:

— Quero seu perdão, Flávia. Fui eu quem inventou toda aquela calúnia, toda a difamação a seu respeito para ter Henrique a minha disposição. Quero o seu perdão, Flávia... — Olhando para o rapaz, pediu: — Preciso de seu perdão, Henrique...

— Não diga isso, Ane... — falou Flávia, bondosa e incrédula. — Não pode ser. Ela está delirando. Não devemos acreditar. Só está dizendo isso e tomando para si esse peso para tentar me ajudar. Acredita que a vida de noviça seja dolorosa, difícil e incômoda por...

— Não é delírio, Flávia, é a verdade. Pergunte à Caroline. Fui eu quem a difamou... Preciso de seu perdão... — Olhando para a irmã, pediu: — Caroline... Por favor...

Caroline dobrou-se em pranto compulsivo e, sem palavras, acenou com a cabeça positivamente ao mesmo tempo que se ajoelhou ao lado do leito, pegou sua mão e chorou mais ainda.

— Então?... — perguntou Henrique sem completar a frase.

— Sim, Henrique... Fui eu quem alardeou tamanha mentira contra Flávia. Caroline testemunhou a meu favor... Em uma sociedade que só gosta de propagar o mal, não foi difícil conseguir meu objetivo... Perdoem-me... — fechou os olhos e ficou em silêncio como se tivesse usado suas últimas forças para conquistar a paz de que tanto necessitava na consciência.

Todos ficaram incrédulos diante da revelação.

Aproximando-se, afagando-lhe a face febril, disse:

— Eu lhe perdoo, minha prima — afirmou Flávia, piedosa. — Quando não vencemos o egoísmo, somos capazes de tudo. Não a condeno nem a critico. E quem é de nós que poderá atirar a primeira pedra?...

Naquela madrugada, Ane desencarnou com a consciência tranquila.

Nos dias que se seguiram, Flávia permaneceu na residência de seu tio, cuidando de tudo para ele, principalmente, tentando lhe aplacar a dor.

Henrique, nas diversas visitas feitas ao senhor, não deixou de conversar com Flávia que, por sua vontade e a pedido dele, deixou o convento ao qual pertencia. Porém, o que aprendeu no noviciado levou para a vida. A partir dali, começou a auxiliar irmãos carentes de diversas formas.

Ao se casar com Henrique, ele passou a apoiá-la e ajudá-la no desenvolvimento de tarefas filantrópicas.

Abriram um orfanato ao qual deram o nome de *Orfanato da tia Ane*.

No plano espiritual, o espírito Ane sentia-se aliviado por ter feito a coisa certa. Estava imensamente feliz com a homenagem feita em seu nome e solicitou tarefa junto aos órfãos, assim que possível. Ela descobriu que não conseguimos ter paz quando causamos a infelicidade de alguém.

Aquele que não está bem, não enxerga o outro com bons olhos. Antes de criticar ou fazer algo de mal, devemos nos analisar, pois falta Deus em nosso coração.

Flávia não poderia viver maior alegria descobrindo que poderia servir ao Cristo e também ser feliz ao lado de seu grande amor e dos filhos que vieram.

Henrique aprendeu que a opinião própria é muito importante diante da dúvida.

E nós aprendemos que sempre é tempo de repararmos nossas falhas e recuperarmos a consciência tranquila.

Schellida

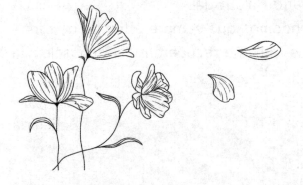

10

QUEM COMIGO NÃO JUNTA, ESPALHA

Nilo Alves era um tarefeiro que, diríamos de passagem, tornou-se ávido conhecedor do Espiritismo. Estudioso ao extremo, conhecia as obras da Doutrina Espíritas como poucos. Suas palestras consistiam em surpreendentes ensinamentos. Daquele centro espírita, ninguém as perdia. Enquanto falava, citava trechos de vários livros, além de as obras básicas da Codificação Espírita: *O Livro dos Espíritos, O Livro dos Médiuns, O Evangelho Segundo Espiritismo, O Céu e o Inferno, A Gênese*, mencionava os ensinamentos e os milagres do Cristo com presteza e ricos detalhes. Ele era impressionantemente muito estudioso.

Todos ficavam admirados e extasiados diante de suas esclarecedoras explanações.

O comportamento dele entusiasmava. Muito eloquente, fazia com que todos se interessassem mais pela doutrina e por leituras com ensinamentos edificantes a fim de se melhorarem.

Com isso, a cada dia, ganhava mais admiradores e amigos, que lhe procuravam para esclarecerem algumas dúvidas. Alguns pediam explicações sobre literários mediúnicos ou onde poderiam achar determinados assuntos relativos às obras básicas da Codificação Espírita.

Com conduta amigável, atendia a todos que o procuravam, ajudando-os sempre.

Sua inteligência e memória eram precisas com nome e datas sempre lembrando onde e o que citar, enquanto falava.

Sem exceção, nós temos as nossas provas e expiações para experimentarmos enquanto encarnados e nosso amigo Nilo também.

Sempre vivemos experiências para a nossa evolução. Se não aprendemos com elas, ficaremos por mais tempo subsistindo em falsas alegrias e felicidades, que acabam e deixam grande vazio existencial.

Nilo precisava conciliar inteligência e responsabilidade, avaliar tudo com clareza e sensatez, levar conhecimento e reflexões saudáveis, além de confortar corações, dar esperança e promover a fé, pois nasceu com a arte e o talento de persuadir para realizar sua missão terrena de elevar consciências.

Não foi difícil ele descobrir seu dom, sua capacidade de falar, exprimir-se com facilidade, de influenciar pessoas e formar opiniões. Mas, irmãos espirituais menos esclarecidos também descobriram isso.

A vaidade passou a tomar conta de Nilo quando percebeu que era o centro das atenções. Nesse ponto, sem notar ou admitir, começou a ser inspirado por espíritos infelizes que não gostavam da prosperidade e da evolução dos demais, inclusive do próprio palestrante.

Estimulado por esses irmãos sem evolução, Nilo achou que deveria apresentar, mostrar e oferecer mais do que sempre fazia em suas palestras. Acreditou que os assuntos vigentes eram os mesmos, as obras as mesmas e ele deveria expor e exibir mais.

Sem demora, muito inspirado por espíritos ignorantes, teve a certeza de que as obras da Codificação

Espírita estavam ultrapassadas. Questionou o codificador Allan Kardec e seus feitos, sua didática, as palavras da época... Cismou, de alguma forma, com diversos ensinamentos e questões doutrinárias. Pensava que sua nova forma de ver o Espiritismo era uma inspiração do alto. Achou que ele mesmo poderia e deveria reformular tudo. Suas reflexões, sempre somadas aos desejos infelizes de irmãos sofredores, pareciam melhores, para ele.

Expressivo e convincente, aos poucos, todos notaram que suas palestras começaram a mudar de rumo, provocando tendências estranhas e se tornando partidárias. Politizado, ele mencionava polêmicas desnecessárias para o momento. Suas explanações causavam mais dúvidas do que traziam esclarecimentos, promoviam mais insegurança do que fé, levantavam questões que traziam discórdias em vez de uniões. Os que buscavam esperança saíam de suas palestras sem alegria, sem forças, tristes e, às vezes, muito angustiados pelas reflexões amargas. Outros acabaram desenvolvendo opiniões que antes nunca tiveram: reclamações, exigências, revoltas com alguns acontecimentos individuais ou coletivos, etc... que só somavam negatividade ao que já possuíam.

Inevitavelmente, seus comentários tendenciosos influenciavam os ouvintes com resultado contrário àquilo que se esperava em uma palestra evangélica.

Muitos deles, sem entender ou saber o porquê, passaram a sentir desinteresse das palestras, que deveriam ser evangélicas, consoladoras de corações, com temas que gerassem reflexões saudáveis e úteis à evolução.

Passado algum tempo, dona Vilma, uma senhora médium vidente e tarefeira daquela casa espírita, observou o que ocorria com Nilo. Generosa, em um momento de descontração, chamou-o para uma conversa despretensiosa a fim de compreender o que estava acontecendo e, talvez, avisá-lo sobre o que percebia.

Espíritos amigos cercaram-no com carinho, preparando o expositor Nilo para o diálogo e entendimento, sem que ele notasse.

— Como tem passado, meu amigo? — indagou a senhora com sua calma peculiar. — Está tudo bem com você e a família?

— Sem dúvida! Estou sempre bem! — ressaltou com modos alegres.

— Não tenho visto sua esposa... — tornou dona Vilma.

— É que ela está cuidando de algumas coisas, lá em casa, e está sem tempo.

— Entendo... Também percebi que o amigo está diminuindo o número de palestras. Sempre achei que gostasse muito de ser expositor.

— É, gosto, mas... Não estou recebendo tantos convites como antes. — Nesse momento, sentiu-se como que desarmado. O efeito de energias que amigos espirituais lhe endereçavam acalmava sua mente e passou a ficar mais humilde e receptivo. — Acho que

as pessoas não estão tão a fim de aprender, porque...
— não completou a frase.

— Também notei que estão vindo menos pessoas nos dias em que você faz a exposição de algum tema.

— A senhora percebeu? — Nilo ficou interessado, com um toque de decepção.

— Sim... — confirmou dona Vilma. — Por isso, eu quis saber se você estava bem, se sua família está bem...

— Quem é que não tem problemas, não é, dona Vilma? Acho que isso tem prejudicado um pouco meu trabalho como expositor.

— É verdade... — ela concordou. — Todos nós temos problemas. Mas, tenho de ser sincera com você, meu filho... Não creio que os problemas particulares tenham o poder de afetar seu trabalho com Jesus. E não são as pessoas que não querem aprender. Suas palestras ficaram muito diferentes.

— A senhora acha mesmo?! — inquietou-se.

— Todos nós notamos.

— É?! Por quê? Será que estou perdendo o jeito eloquente de falar? Será que meu dom persuasivo e expressivo está diminuindo? Ou meu talento de expor com facilidade e esclarecer as coisas foi afetado? Como médium, o que a senhora me diz?

— Não creio que seja isso, Nilo. O irmão não perdeu seus dons. O que aconteceu foi que se afastou da sua origem e dos seus princípios.

Ele não entendeu no primeiro momento. Ficou confuso.

— Como posso ter me afastado de minhas origens e princípios, dona Vilma? — achou graça. — A senhora está enganada.

— Você é Cristão, Nilo?

— Mas é claro que sou Cristão! Sou espírita! — enfatizou com ar soberbo.

— Verdade... O irmão é espírita... — quase murmurou com jeitinho humilde. Em seguida, disse: — E o Espiritismo, doutrina Cristã, está contido nas obras da Codificação Espírita, cujo autor ou codificador é Allan Kardec, não é mesmo?

— Sim... Mas... — não completou.

— Sabe, Nilo... Por mais que eu leia, estude e aprenda sobre os ensinamentos do Mestre Jesus, sempre descubro que ainda falta algum entendimento para mim. Já reparou como é lindo o *Sermão da Montanha*?![1] — falou com entusiasmo, mas não o deixou responder. — Nunca me canso de lê-lo, admirá-lo e estudá-lo. Aliás, todos os exemplos e a vida de Jesus têm a força da vida eterna. O Mestre não veio aqui, há milhares de anos, trazer ensinamentos somente para as pessoas daquela época. Quando estudamos o que Ele disse, descobrimos que serve para todas as épocas da humanidade. Sabe por quê? Porque tudo o que Ele disse é baseado na Lei Universal do Amor. Sábio, Jesus percebeu que não entenderíamos o Seu Evangelho de imediato, por isso disse que enviaria um *Consolador*

---

1 Nota: *Sermão da Montanha, S. Mateus, Cap. 5 a 7*

Prometido para explicar tudo aquilo que havia dito, ensinado e que ficaria eternamente conosco. Entendemos que esse Consolador não seria uma pessoa. Essa promessa de Nosso Senhor Jesus Cristo se concretizou dezoito séculos depois, por meio do trabalho de Allan Kardec, diversos médiuns e de um grupo respeitoso de espíritos, além do Espírito de Verdade. Essa união trouxe, primeiro, em 1857, *O Livro dos Espíritos*. Depois, em 1861, *O Livro dos Médiuns*. Foi um trabalho árduo, que exigia inteligência, perspicácia, perseverança e muito mais... Imagina tudo aquilo escrito à mão e tendo de ser elaborado, estudado, pesquisado, organizado e muito mais... Eu nem tenho ideia de como poderia ser feito sem a informática, não é mesmo? — deu uma risadinha. — Daí, o senhor Allan Kardec decidiu trazer algo mais profundo ainda do que aquelas duas obras. Ele publicou, em 1864, *O Evangelho Segundo o Espiritismo*, uma obra fantástica onde se concentram não as pesquisas ou explicações sobre o que Jesus fez, sobre os milagres e suas andanças... Não. O Codificador da Doutrina Espírita não focou nisso. Ao contrário, ele fez algo magnífico. O senhor Allan Kardec focou nos ensinamentos morais de Jesus.

— Dona Vilma, a senhora vai me desculpar, tenho de ser sincero: para mim e para muitas outras pessoas, Allan Kardec e a Codificação estão ultrapassados!

— Não sou eloquente como você, meu filho — falou com doçura. — Não tenho o talento de encantar as pessoas quando falo, muito menos o dom de persuadi-las por meio de palavras. Mas preciso concluir minha ideia. Deixe-me terminar, por favor. Só assim poderá tirar suas próprias conclusões e não as minhas — olhou-o nos olhos. Nilo fugiu-lhe o olhar, embora ficasse atento. Percebendo isso, ela prosseguiu: — Então... O senhor Allan Kardec se prendeu aos ensinamentos morais de Jesus porque sabia, ou foi inspirado, que essa era a grande necessidade do ser humano. A Idade Média acabou no século XV. E apesar de ter se passado mais de quatrocentos anos de seu fim, aconteceu o *Auto de Fé*[2], em 09 de outubro de 1861, em Barcelona, na Espanha, onde foram queimadas as obras espíritas por determinação do Bispo Antonio Palau y Térmens, mostrando o grau de intolerância da Igreja Católica. Então, percebe-se que a ignorância, a intolerância e as proibições ainda dominavam... Mas, nós sabemos que aquilo foi necessário ou vamos acreditar que Deus erra, não é mesmo? — deu outra risadinha. — Por isso, era necessário fazer o ser humano pensar, filosofar, voltar-se para algo sublime e diferenciado das ideias daqueles que diziam que: tudo pode. Que o importante é satisfazer a vontade... Os inquisidores, intolerantes pensavam assim. Mas... Deixemos isso pra lá... Então, em 1864, *O Evangelho Segundo o Espiritismo* trouxe--nos diversas formas de enxergarmos as experiências terrenas. Que obra fantástica! — enfatizou. — Nesse

---

2 Nota: *Auto de Fé* era o nome dado à cerimônia em que se proclamavam e executavam as sentenças do Tribunal da Inquisição e nas quais os penitenciados eram condenados ao suplício da fogueira.

livro, tem um capítulo especialmente dedicado à compreensão do *Sermão da Montanha*. Já o leu?

— Lógico! Mas é claro que o li! — respondeu Nilo, um tanto insatisfeito.

— Jesus teve uma ligação direta com Deus, quando nos trouxe esse sermão — prosseguiu, ignorando o comportamento dele. Acreditou que sua doçura, em algum momento, conquistaria o coração de Nilo. — Quando li o *Sermão da Montanha*, achei que era uma obra em versos, uma composição poética. Aí, aprofundando-me um pouco mais, passei a acreditar que se tratava de um roteiro consolador, repleto de esperança, que aliviava as aflições e o sofrimento. Daí eu li de novo e de novo... Concluí que se tratava de um manual evolutivo para o ser! Que era a norma de elevação perfeita que a alma humana estava buscando. Achei que, à medida que aqueles ensinamentos vão amadurecendo na nossa cabeça, o coração vai ficando cada vez mais nobre. A nossa vida vai ganhando sentido e olhamos o mundo com mais amor. Uma das partes que me chamou atenção é quando Jesus diz que somos o sal da Terra. E que nós devemos dar sabor à vida. Algo saboroso é algo gostoso, não é mesmo? Mas é bom lembrar que sal demais também estraga o paladar. Por isso, Nilo, precisamos ficar atentos para darmos nosso sal na proporção correta, para darmos sabor e não salgarmos demais. Coisas salgadas fazem mal a nossa saúde e a dos outros. — Nesse momento, viu-o atento. Então, continuou: — Jesus nunca foi polêmico, político, politizado e não foi tendencioso. Ele nos ensinou a amar como ninguém antes o fez! Lembro que foi no *Sermão da Montanha* que o Mestre nos fala para amarmos os nossos inimigos. Acho que não estou errada não. Estou?

— Não, dona Vilma. A senhora está certa. É no *Sermão da Montanha que Jesus* nos diz que precisamos amar nossos inimigos — respondeu descontente.

— Amar os inimigos é perdoar, orar por eles... Jesus não nos manda ser conivente com o erro, não diz para darmos as mãos e sairmos por aí de braços dados com o inimigo. Não!... Ele diz para perdoar, amar... Isso é fazer o bem, porque o bem tem força, tem poder renovador e construtivo, além de maravilhoso em nossas vidas. Jesus nos ensina a ser tolerantes, a compreendermos, não termos mágoa nem rancor. Jesus ensina a não julgar. Não julgar é não ser partidário, politizado e ter tendências estranhas ao amor de Deus. Não é isso mesmo, Nilo? — Não houve resposta. Ela continuou: — O Mestre Nazareno ensinou que não devemos julgar para não sermos julgados. E a Doutrina Espírita, codificada por Allan Kardec, ensina que, pela bondade e justiça Divina, teremos o melhor juiz para nos julgar: a nossa própria consciência. Dessa forma, modifica-se aquela ideia de Deus que pune, julga e condena. A Doutrina Espírita esclarece muito bem o que Jesus ensinou, explicando que todas as Leis Divinas estão registradas na consciência do ser humano, independente de sua forma de pensar e agir. Um dia, será essa consciência que vai cobrá-lo e corrigi-lo. Não Deus. Jesus ensinou que O Pai da Vida é Criador de amor, tanto que ama igualmente todos os Seus filhos, todas as suas criaturas. Jesus ensinou e a Doutrina Espírita, codificada por Allan Kardec, explica que a nossa relação com Deus deve ser de amor e existe um recurso maravilhoso para nós entrarmos em contato com esse Pai: a prece, a oração. Ah... se não me engano, é no *Sermão da Montanha* que o Mestre até nos ensina a orar, quando nos traz a oração do *Pai Nosso*, não é mesmo, Nilo? — novamente ele não respondeu. Dona Vilma prosseguiu: — Jesus até ensina como devemos fazer preces. Ele fala para entrarmos no nosso quarto para ficarmos a sós com Deus, que está em todos os lugares. Fala para fecharmos a porta, que é para nos isolarmos do resto do mundo. E orarmos para o Pai que está no Céu, ou seja, só nos concentrarmos Nele, conversarmos com Ele. É Deus quem precisa nos ouvir e não os vizinhos. Não precisamos de palavras bonitas nem de sermos eloquentes. Precisamos ser sinceros, humildes, bondosos... Acho que é nesse *Sermão da Montanha* que Jesus fala para pedirmos para que possamos receber, ou melhor, precisamos fazer o pedido do que queremos para isso ficar registrado na nossa mente, para ficar claro o que desejamos. Também diz para buscarmos quando quisermos achar, ou seja, para fazermos a nossa parte para conquistarmos aquilo que desejamos. Depois, Ele diz para batermos para a porta se abrir, que quer dizer insista, persista, vá em frente porque nada cai do céu. Acho tão interessante que o Mestre Nazareno fala de amor e esperança o tempo todo, além de nos ensinar como fazermos o mesmo. Não é, Nilo?

— É, dona Vilma... — respondeu sussurrando e de cabeça baixa.

— Ah... Eu gosto daquela parte do *Sermão da Montanha* quando Jesus nos fala sobre construirmos a nossa casa sobre a rocha. A nossa casa simboliza a fé, nossa religiosidade, nossa esperança... A rocha significa Deus, a nossa ligação com o Pai Criador. Ele diz que virão os ventos, as ondas, as tempestades... Que são os problemas, as dificuldades financeiras, os problemas de saúde, complexidade no serviço, problemas na família... São os obstáculos que ninguém, nunca, deixará de ter. São os desafios que, como seres em evolução, precisamos enfrentar. Então, Jesus nos ensina que quando construímos a nossa fé na rocha sólida de Deus, ficamos firmes nas tempestades da vida. Não podemos arruinar a nossa vida com orgulho, vaidade, egoísmo e diversos vícios morais ou físicos... Esses são os ventos, as ondas e as tempestades... E, hoje, quantas vidas e famílias inteiras nós vemos no desespero, no sofrimento por não ter fé e esperança em Deus?

Nos dias atuais, Nilo — ela continuou —, muitas pessoas acham que Jesus está ultrapassado. Tudo

ENTRE VIDAS E DESTINOS

bem. Está certo para elas. Busquem e encontrem, então, seus caminhos em outras filosofias ou religiões que não sejam Cristãs, mas não falem mal do Cristo. Existem outros tantos que acreditam que Kardec está ultra-passado. Está certo para eles. Tudo bem. Busquem, então, outra filosofia que não a Espírita, que seja me-lhor para seu entendimento, mas não falem mal da Codificação dentro de uma casa espírita. Isso não é certo, pois traz consequências tristes. Não sei das ou-tras religiões ou filosofias porque não as conheço, por isso não posso falar. Conheço as obras da Codificação um pouquinho e conheço também outro pouquinho sobre as pessoas que buscam as casas espíritas. Al-guém que lá está é para renovar sua esperança, sua força, sua fé, sua compreensão... Alguém que lá está é em busca de consolação, não em razão de uma causa, é para conhecer algo que o faça desenvolver o amor, o perdão, aplacar a dor de uma perda... Coisa que *O Evangelho Segundo o Espiritismo* nos fala tão bem. É preciso ver o mundo com olhos bons. *Se seus olhos fo-rem bons, todo o seu corpo será luz*, como nos ensinou Jesus, também no *Sermão da Montanha*. Aquele que procura a casa espírita precisa de esclarecimento e não de insegurança, de amargura pelas reflexões in-felizes que ouve em uma palestra. Necessita aprender a dar e a oferecer o amor fraterno e não conhecer po-lêmicas que arruínam a fé. As pessoas que procuram uma casa espírita desejam esclarecimento sobre a bondade e justiça Divina. Os abençoados expositores da Doutrina precisam focar nisso. Faça como Jesus: ensine sobre amor e bondade e deixe que as pessoas, que elas mesmas, por meio do livre-arbítrio, possam tomar suas próprias decisões sobre tudo no mundo em que vivem. Não tente formar opiniões usando para isso o desrespeito àqueles que governam ou lideram causas controversas... Quem é espírita sabe que a Lei de Deus se cumpre e a justiça vai acontecer. Lembre--se de que Jesus, no dia da cruz, disse ao ladrão, ao seu lado, que ele estaria no céu com Ele ainda naquele dia. Mas, o Mestre nada falou sobre os hipócritas que ali estavam politizando, fomentando intriga, inclinan-do-se a tendências, criando polêmicas e destruindo o amor e a paz. Não. Sobre esses, Jesus não disse nada. Cada qual responderia para a própria consciência. Ah... Só lembrando sobre um dos ensinamentos que Jesus disse no *Sermão da Montanha*: quem comigo não junta, espalha. Então, meu querido irmão, ou você se junta a Jesus ou... Ou entre para o seu quarto e ore para o Pai, que está no Céu, e peça luz para o seu enten-dimento, clareza para suas dúvidas, discernimentos para se aperfeiçoar, não no seu dom de expor, persua-dir com eloquência, falar com fervor... Mas, sim, para expor levando conforto e paz como Jesus fez e como a Doutrina explica. Não desperdice os seus talentos. Não seja o falso profeta que vem vestido de ovelha, porém, na verdade, é um lobo devorador que acaba com a esperança e a fé. Como disse o Mestre Nazareno no *Sermão da Montanha*: *"aquele que ouve as minhas palavras e não as cumpre, compará-los-ei ao homem insensato que edifica a sua casa na areia... e desceu a chuva, e correram rios, e assopraram ventos e combateram aquela casa que caiu, e foi grande a sua queda."*

Certamente, Nilo iria refletir muito sobre aquele assunto.

Muitos de nós nos julgamos repletos de razão quando, de fato, precisamos parar, orar e refletir sobre o que os nossos olhos enxergam e o que sai da nossa boca. Quem com Jesus não junta, espalha.

Erick Bernstein

11

A ÚLTIMA TAREFA DE UM MENTOR

Muitas vezes, por ignorarmos o que fazer ou por constrangimento, não estamos preparados espiritual e emocionalmente para algumas situações.

Um dos momentos mais delicados são os nascimentos e os falecimentos.

No primeiro, sentimos felicidade, euforia por sermos agraciados e abençoados pela chegada de um ser tão querido e esperado. No segundo, somos surpreendidos pela despedida, que pode ser repentina ou não.

Aquele que se desliga da vida terrena, por meio da morte do corpo físico, mas continuando a existência no plano espiritual, nem sempre está preparado. Isso depende muito de como se dedicou, quando encarnado, à sua espiritualidade, à sua ligação com Deus, Força Maior que rege o Universo.

Uma coisa é certa: em qualquer desencarne não existe injustiça Divina ou castigo de Deus. Por mais que não entendamos, há uma razão, uma causa maior no que acontece.

Aqueles que desencarnam com pouco conhecimento, entendimento e preparo para a nova vida, na espiritualidade, são invadidos por sentimentos múltiplos e confusos. Dependendo do ser, ele demora a aceitar, entender e seguir seu novo caminho em boas e elevadas companhias.

Uma das coisas que mais ajuda na compreensão do desencarnado, em sua nova etapa evolutiva, é a própria prece e as orações daqueles que ficaram.

Muito além disso, a prece auxilia imensamente os encarnados que a fazem, proferem, pronunciam nesses momentos delicados.

Para melhor esclarecer, tomemos como exemplo a situação que Alfredo enfrentou.

Quando encarnado, Alfredo foi um homem rico, ocupado, preocupado com o trabalho e com tudo a sua volta, menos com sua espiritualidade, com sua ligação com Deus. Embora se denominasse católico, comparecia à igreja somente em ocasiões especiais: casamentos, batizados, missas de sétimo dia... Colaborava com a paróquia contribuindo sempre com o dízimo. Acreditava em Deus, mas nunca se aprofundou em reflexões sobre os ensinamentos do Cristo.

Se não foi um homem mau, também não foi um homem com grande dedicação ao bem. Viveu a vida, como podemos dizer, no modo automático. Sua família era composta de esposa e três filhos. Parentes não faltavam. Tinha vários amigos, porém o número de conhecidos era muito maior. Todos gostavam dele, principalmente, pelas colaborações, mimos, presentes e empregos que sempre oferecia.

Apreciava, imensamente, ser amado e muito querido, só não sabia que era por interesse. Talvez isso não importasse naquele momento. Alfredo não se incomodava em pagar por isso. Sim. Isso mesmo. As amizades e a valorização que lhe davam era pelo que oferecia.

Devido a um infarto fulminante, ele desencarnou. Como espírito, Alfredo se viu ao lado do corpo que o serviu de morada. Ficou despreparado, sentindo-se desamparado e confuso, sem nada entender e em condição que os espíritas chamam de estado de perturbação.

Uma impressão estranha o abatia como se fosse sensação de desmaio. Um torpor o dominava. De forma muito diferente do habitual, via as pessoas reunidas, conversando, gesticulando, rindo... Às vezes, ouvia algo que não fazia sentido como se as falas fossem misturadas e ecoando em seu ser. Gargalhadas, por alguma piada, abalavam-no mais ainda, pois eram como marteladas sem dor em seus sentidos. Outros espíritos, que passavam por ele, deixavam-no mais confuso então. Não sabia o que estava vendo e percebendo. Ignorava o que lhe tinha acontecido.

— Por que estou assim? O que aconteceu? Deve ser sonho... Um sonho confuso. Já sonhei e fiquei confuso. Vou acordar... Vou acordar... — mas não acordava. Aquele era o mundo real.

Observando Alfredo, a certa distância, o espírito Onofre, um socorrista de emergência, que ficava à disposição em locais de funeral, permaneceu atento.

Sem demora, o mentor de Alfredo — também chamado de anjo protetor, anjo da guarda, espírito guardião ou guia espiritual — aproximou-se do espírito Onofre e se apresentou:

— Como vai? — não o conhecia, porém era capaz de reconhecê-lo pela aura equilibrada e luzente que aquele espírito possuía. — Sou Josué, mentor de Alfredo — e o apontou.

— Prazer conhecê-lo, prezado irmão Josué. Sou Onofre — sorriu. — Em que posso ajudá-lo?

— Percebo que o irmão é um socorrista de plantão em lugar como esse. Estou aqui com meu pupilo recém-desencarnado, que precisa de socorro e orientação. O meu protegido Alfredo não foi homem mau. Seu progresso no mundo foi intelectual e material. Sua dedicação excessiva ao trabalho não o deixou espiritualizar-se, por isso, agora, passa por grande estado de perturbação e confusão mental após o desencarne.

— Vejo que está com a mesma dificuldade da maioria dos protetores espirituais — considerou Onofre em meio à expressão preocupante, disfarçada com suave sorriso. No mesmo instante, disposto a ajudar, aproximou-se de Alfredo, o recém-desencarnado, e o observou melhor.

— Como nota, ele não nos pode ver — comentou o espírito Josué. — Também não se eleva em prece rogando ajuda e amparo de Deus ou de Jesus ou ainda de entidades de considerada elevação, que intermedeiam ligação com o Criador. Não se liga ao Pai da Vida como ensinam as religiões nem suspira por Força Divina da Criação como indicam as filosofias. Como sabe, temo por sua falta de elevação de consciência. Outros espíritos, caídos nos declínios morais, podem se aproveitar dele. Essas primeiras horas, após o desencarne, são bem importantes.

— É verdade, meu amigo. A equipe de que disponho já se aproxima para nos auxiliar. Os encarnados, aqui, não cooperam. Porém, faremos o possível para ajudar, desde já.

Energias sublimes de amor, daqueles tarefeiros espirituais, passaram a ser dissipadas sobre o espírito Alfredo, que não se sentia nada bem.

A muito custo, conseguiu perceber seu mentor Josué. Confuso, quis saber:

— Você pode me ver e me ouvir! Eu sei disso!

— Sim, meu caro Alfredo. Eu posso sim.

— Me ajude, por favor!!! — estava desesperado. — É um pesadelo!!! Não consigo acordar!!!

— Não é pesadelo, meu caro Alfredo. Você não vive mais no corpo físico. Olhe para o corpo que usou ali — indicou o caixão.

— Morri?! Eu morri?!

— Não. Está conversando comigo. Está vivo. Não percebe? — tornou o mentor.

— É estranho. Estou me sentindo esquisito. Fora de mim — Alfredo declarou.

— Vai se acostumar quando estiver mais equilibrado, meu caro.

— Não é possível. Não é verdade! Ontem mesmo eu conversava com um amigo e prometi que iríamos com a família a um cruzeiro. Também tinha prometido um almoço em casa para reunir os parentes. Tinha planos de...

— Não poderá realizar mais nada disso. Não agora — tornou o mentor Josué.

— Não posso deixar minha família! Olhe como estão. Não quero deixar meus parentes e amigos. Pensando bem, não sei dizer se morri mesmo. Vejam como eles reagem!

— É verdade, Alfredo. Eles não se comportam como deveriam. Estão aqui para marcar presença.

— Não é verdade! Eram meus amigos, parentes, conhecidos. Gostavam de mim. Isso é uma brincadeira! Já vi muitas dessas pegadinhas!!! Não, não, não!... Não é verdade! Assisti a um filme que as pessoas ignoravam o sujeito para que pensasse que estivesse morto! Não, não... Isso é uma brincadeira! — Aproximando-se de um dos presentes, demonstrou-se como se quisesse assustá-lo e fez como se berrasse. Mas, o encarnado não conseguiu percebê-lo e, ainda por algo que conversava, gargalhou. — Parem com isso!!! Parem de agir assim!!! Estou enlouquecendo!!! Não mereço isso!!!

— Alfredo, meu caro, isso não vai adiantar... — Josué tentou dizer.

— Saia de perto de mim!!! Você foi pago para isso!!! Pare!!! Se eles te pagaram para fazer isso, eu posso pagar muito mais!!! Não vê que estou em desespero!!!

— Então, ore, meu caro — sugeriu o mentor.

— Não!!! Não é verdade!!!

Enquanto isso, no plano dos encarnados, todos se comportavam de maneira quase natural, incompatível para um velório.

— Ele era muito engraçado! — disse um amigo.

— Também... com a estabilidade financeira que tinha, até eu iria rir à toa! — gargalhou outro.

— Se bem que ele era meio metido, vamos concordar. Fazia reuniões em volta da piscina, servia os mais caros aperitivos e petiscos... — comentou outro.

— Isso era verdade! O Alfredo era muito esnobe! Chegava a nos humilhar — falou o primeiro.

Na espiritualidade...

— Não! Não é verdade! Eu convidava vocês para descontrairmos! Bando de ingratos! Ignorantes! Imbecis!!! — esbravejava Alfredo. Mesmo não se sentindo bem, apresentava-se enfurecido.

Aproximando-se, novamente, o espírito Josué tentou acalmá-lo:

— Meu caro, por favor... Deixe-os... Vamos orar para que recupere o equilíbrio e a razão.

— Não pode ser verdade!!! É uma brincadeira de muito mau gosto!!! Não é verdade!!!

Enquanto o mentor Josué buscava convencê-lo, o espírito Onofre e sua equipe tentavam envolver algum encarnado para uma prece coletiva em favor de Alfredo. Dessa forma, ajudaria o recém-desencarnado a compreender seu novo estado e aceitar o socorro. Além disso, a oração ocuparia o lugar dos comentários nocivos e desfavoráveis, não só a Alfredo como também a eles mesmos.

Aqueles que riam e se juntavam para piadas e conversas desse nível, eram assediados por espíritos de baixo padrão moral que se afinavam a eles, criando laços e energias indesejosas por apreciarem o mesmo tipo de assunto. Seria muito provável que, tais espíritos levianos, acompanhassem essas pessoas quando fossem embora, pois desejariam mais.

Os que estavam, ali, contrariados, irritados por perderem horas de seu dia ou afazeres, atraíam espíritos mal-humorados, zangados e até agressivos que, muito provavelmente, iriam segui-los ao final do velório pela mesma razão: afinidade.

Espíritos que se opunham à elevação de Alfredo, que foram seus inimigos do passado e o queriam prejudicar de alguma forma, também vibravam para o desespero do desencarnado e para que os presentes não buscassem trazer luz, paz e energias sublimes ao evento.

A viúva e os filhos só choravam. Concentravam-se em suas dores, na ausência que ele faria, nas dificuldades que poderiam enfrentar. Não realizavam uma única prece.

O socorrista espiritual e sua equipe tentavam, por vários meios, fazer com que algum indivíduo se lembrasse de uma oração, de uma prece. Mas estava sendo muito difícil. Um ou outro, que poderia fazê-lo, sentia-se envergonhado e o acanhamento o inibia. Afinal, como falar em Deus e pedir elevação de pensamentos a pessoas tão nobres, financeiramente falando?

Porém, o inesperado aconteceu.

Atrasados, chegaram ali o senhor Nélson e sua família. Era um homem simples, que trabalhava como auxiliar de faxina na empresa de Alfredo.

Educado, demonstrando constrangimento na expressão de condolência pelo falecimento de seu patrão, Nélson se aproximou da família e os cumprimentou com humildade. Sua esposa fez o mesmo.

Em seguida, ele foi para junto do caixão e ali ficou reflexivo por alguns instantes.

O espírito Onofre, o socorrista, não perdeu tempo e, com a permissão do mentor do encarnado, foi para perto e o inspirou.

Olhando para sua mulher, Nélson sussurrou:

— Ninguém está orando. Vamos fazer uma prece?

— Não, sem a permissão da viúva. Melhor você perguntar para ela.

Com extrema modéstia, Nélson foi para perto da senhora, que estava desalentada, e pediu:

— Dona Vilma, a senhora permite que façamos uma prece para o senhor Alfredo?

— Uma prece?...

— Sim. Uma prece para que o Nosso Pai, que está no céu, abençoe e envolva o senhor Alfredo. Sou espírita. Se a senhora não se incomodar...

No primeiro momento, a mulher ficou surpresa. Ninguém havia pensado em uma oração. Em seguida, apreciou a ideia e permitiu.

Nélson, com seu jeito simples, olhou para os que estavam a sua volta e convidou-os para que o acompanhassem para junto do caixão, a fim de uma oração em intenção do falecido.

Tirando do bolso de sua jaqueta um pequeno livro, posto ali propositadamente, *O Evangelho Segundo o Espiritismo*, bem gasto e manuseado. Folheou-o e encontrou o que procurava: *Coletânea de Preces Espíritas* e *Prece por alguém que acaba de morrer*.

— Caros irmãos em Jesus. estamos aqui reunidos para entregar a Deus, nosso Pai da Vida, a alma do nosso irmão Alfredo. Um homem, que vivendo entre nós, certamente, cooperou para o nosso desenvolvimento em vários sentidos. Vou ler, agora, *Prece por alguém que acaba de morrer...* — iniciou a leitura. Todos ficaram atentos e em total silêncio. No final, Nélson fez a oração que o próprio Jesus nos ensinou.

Os encarnados não puderam ver, mas, na espiritualidade, Alfredo, que não havia parado de esbravejar contra aqueles que ali estavam, parou ao ouvir que a prece seria em intenção de sua alma. Ficou estático e acreditou que havia morrido de fato.

Olhou bem para Nélson e se lembrou do quanto aquele homem era gentil, trabalhador, honesto... Trabalhou para ele por muitos anos. Sempre educado e prestativo. Aquele funcionário não brincaria com aquela situação.

À medida que a oração era feita, derramavam-se sobre todos, encarnados e desencarnados, uma energia sublime em forma de luzes cintilantes de coloração azulada, suave, cálida...

O recém-desencarnado Alfredo acalmou-se, emocionado com cada palavra e, principalmente, com as vibrações que passou a receber.

Alguns desencarnados, que ali estavam e se encontravam desorientados ou perturbados, pararam e também se deixaram envolver. No entanto, outros fugiram do local pela incompatibilidade fluídica.

Alfredo começou a entender que não estava morto, mas vivendo em outro plano e que aquele era um momento importante e de grande escolha, quando seu mentor Josué convidou:

— Meu caro Alfredo, agora entende que não pertence mais ao mundo dos encarnados. Ficar junto a eles não é conveniente. Aqui, no mundo espiritual, poderá ir para local apropriado para a sua evolução, salutar às suas necessidades e importante para a compreensão de muitas verdades eternas.

— Terei de deixar minha família?

— Nascemos sós e partimos sós. Receberá permissão para visitá-los e acompanhar a experiência de todos. Ficar perto e junto a eles, não é bom para qualquer desencarnado. Venha comigo.

— Quem é você? — quis saber, mais tranquilo.

— Meu nome é Josué. Sou seu guia espiritual, seu mentor, anjo da guarda... Chame-me como quiser. Acompanhei você desde o seu primeiro dia encarnado e durante toda a sua vida terrena em todos os lugares.

Busquei influenciá-lo para o bem e para que evoluísse espiritualmente. Hoje, meu trabalho, ao seu lado, termina. É chegada a hora de eu deixá-lo, mas, antes, quero guiá-lo para local seguro e adequado, encerrando minha última tarefa nesta etapa evolutiva com você.

Alfredo olhou para aquela que foi sua mulher e seus filhos. Estava emocionado e não sabia o que pensar. Josué, adivinhando-lhe os pensamentos, sugeriu:

— Diga: Foi uma bênção tê-los comigo. Que Deus os abençoe por contribuírem para a minha existência e evolução. Até um dia.

O recém-desencarnado aproximou-se da viúva e beijou-lhe a face. Fez o mesmo com os filhos. Chorou. Repetiu o que seu mentor havia sugerido. Olhando para todos, disse o mesmo:

— Até um dia. Que Deus os abençoe... Obrigado... — emocionou-se muito.

A equipe de Onofre, que trabalhava como socorrista, teve muito trabalho em virtude dos que se deixaram socorrer na espiritualidade.

Os encarnados que ficaram compenetrados na oração, desejando amor e o bem do desencarnado, iluminaram-se e não tiveram acompanhantes espirituais quando retornaram para seus lares.

Alfredo deixou-se levar por seu mentor espiritual para uma nova vida de aprendizado e evolução.

Josué realizou a última tarefa como mentor naquela existência de Alfredo.

Erick Bernstein

12

LAR... PRIMEIRA ESCOLA

Danilo era um garoto saudável. Nascido em uma família muito rica e famosa na sociedade. Mimado, cresceu e foi criado com todos os caprichos, presentes e luxos que todos podiam dar.

Não foram ensinados limites. Desde pequeno, ordenava às pajens e às governantas para que tudo saísse ao seu agrado. E, por orientação dos pais às empregadas, ele era obedecido. Ninguém o educava ou corrigia.

Seus pais, Celso e Fátima, faziam todos os seus gostos. Inclusive, levavam-no para coquetéis sociais e festas exclusivamente de adultos, pois achavam que o filho deveria, já cedo, acostumar-se com os hábitos e as particularidades que adotavam com elegância.

Sem demora, o garoto começou a tomar parte dos brindes alcoólicos que os adultos propunham e isso parecia engraçado a todos, inclusive aos pais.

Bem surpresos, alguns não apoiavam e censuravam a atitude deles, que diziam saber o que estavam fazendo. Outros, para agradarem ao casal, achavam graça, apoiavam e aplaudiam nas rodadas de vira-vira feito de modo considerado suave, com uísque, gelo e guaraná.

Celso e Fátima sentiam-se envaidecidos, pois Danilo roubava as cenas. Era falante, alegre, expressava-se muito bem, apesar de seus cinco anos de idade.

Toda criança gosta de ser aplaudida, por isso costuma repetir e aperfeiçoar o que faz para agradar.

O tempo foi passando e Danilo, sentindo-se orgulhoso e incentivado, forçava-se a aumentar a quantidade de bebida alcoólica e mostrava-se sem efeitos visíveis da bebida.

Aos quinze anos, estudando em um dos melhores colégios, audaciosamente, o jovem desafiava outros colegas a campeonatos de vira-vira, com bebidas que continham forte teor alcoólico, para descobrirem, entre eles, quem era o mais forte para bebida.

Certamente, Danilo vencia todas as competições.

Suas companhias espirituais passaram a ser espíritos sem evolução, presos nos vícios e nas maldades. Sugavam suas energias, além de apoiá-lo a seguir por caminhos indecorosos, desmoralizados com a sua própria espiritualidade. Nunca lhe foi ensinado nada sobre religiosidade, religião, Deus. Nada.

Não demorou, amigos de baixo nível que conheceu, incentivaram-no ao uso de entorpecentes. Em pouco tempo, começou a misturar drogas com bebidas e chegava, segundo ele, ao êxtase das sensações. Não imaginava que aquele era um caminho, praticamente, sem volta.

Celso e Fátima sempre viviam excessivamente preocupados com as finanças, com *status*, colunas sociais, com a badalação do nome da família e não acompanhavam os acontecimentos íntimos da vida do filho que Deus lhes confiou. Sabiam dizer que Danilo era um rapaz lindo, vistoso, com corpo atlético, cobiçado, desinibido e encantador. Os pais não sabiam dizer o que o rapaz pensava, quais suas dúvidas, seus problemas, o que desejava da vida e o que pensava sobre o futuro. Nunca sabiam suas opiniões.

Com o tempo, as drogas lícitas e ilícitas, assumiram o controle da vida de Danilo, que passou a ter crises depressivas, ansiedade descontrolada e ataques de pânico. Isso o levava ao uso desmedido das drogas. Sem demora, encontrou grupos desajustados e de vida sexual desregrada.

Seus conflitos e desespero aumentavam a cada dia e ele não sabia o que fazer.

Certa vez, a manifestação violenta da abstinência fez com que Danilo perdesse o controle e usasse drogas lícitas além da medida, sofrendo seu primeiro coma alcoólico. Foi socorrido e internado.

Os pais, cientes do problema, ficaram muito preocupados com o que os outros pudessem pensar e dizer a respeito do caso. Precisaram de muito esforço para manterem tudo em sigilo. Acreditaram que aquilo era uma fase comum aos jovens, que iria passar e que o filho logo estaria bem.

O rapaz sempre prometia a si mesmo que não cairia em tentação e não usaria mais nenhuma droga. Mas, quando as crises de abstinência chegavam, um desespero, com misto de ansiedade e pânico, dominava-o e não cumpria sua promessa.

Ao sair do efeito das drogas, lícitas ou ilícitas, tinha uma sensação de nojo. Às vezes, recordava o que fazia em grupo e sentia repulsa, asco de si mesmo. Havia perdido o controle.

Desgostoso, doente, pois seu organismo e seu cérebro não possuíam mais as mesmas condições normais de antes, Danilo passou a se sentir impulsionado a desistir da existência terrena, acreditando que tudo acabaria com a morte do corpo físico.

Em desespero, fez uso de grande quantidade de entorpecentes, medicamentos e bebidas alcoólicas.

Foi socorrido, porém não resistiu.

Danilo, jovem, bonito, atlético, desinibido, falante, educado, sociável e dono de muitas outras aparentes qualidades, desencarnou, gerando uma série de perguntas pela razão de seu suicídio tão inesperado, tão imprevisível.

Nos primeiros dias após sua morte, ainda ficou preso à matéria do corpo físico, sofrendo com o desespero consciencial, sentindo dores e as dilacerações como se estivesse encarnado e sem anestésico, devido à necropsia que foi necessária ser feita para saber a causa morte. A cremação do corpo foi experimentada pelo espírito em desespero. Atraiu-se ao vale dos suicidas e lá permaneceu envolto em energias tristes e desesperadoras, impossíveis de serem descritas.

Depois de tanto sofrimento, desejou socorro, pediu e implorou que Deus o ajudasse.

Auxiliado, após o amparo, Danilo compreendeu que foi o causador do grande distúrbio de seu físico e de sua mente. Entendeu que tudo é possível na vida, por isso ele poderia ter procurado cuidar do seu lado religioso, buscado uma religião, desenvolvido fé em Deus. Mas não. Encontrou tempo para sair, beber, usar drogas, envolver-se com pessoas de baixo nível, porém não encontrou tempo para si, para Deus.

Por conta dos vícios e da ausência da força necessária para viver, suicidou-se, tentando destruir a única coisa que lhe foi dada de graça: a vida. Não conseguiu. Matou somente o corpo, perfeito e saudável, que Deus lhe deu.

O arrependimento e sentimento de culpa tomaram conta dele ao perceber que existia algo muito maior, que tudo governa com harmonia e excelência.

Muitos anos depois, na espiritualidade, seus pais se encontravam em estado também precário de entendimento espiritual.

Em vida terrena, Celso e Fátima só se dedicaram aos bens materiais. Nunca cultivaram a fé nem praticaram qualquer caridade. Passaram longo período em lugar calamitoso. Socorridos, aprenderam que a vida não termina após a morte e que somos responsáveis por tudo aquilo que realizamos ou deixamos de fazer. Descobriram que não ofereceram ao filho Danilo amparo, educação, atenção e orientação necessária, pois estavam preocupados com situações superficiais e fúteis. Falharam na principal tarefa de suas vidas.

Novo planejamento reencarnatório.

A consciência de Danilo cobrava-lhe por ter destruído seu cérebro com o uso de drogas e seu corpo com o ato do suicídio. Ele rogou nascer com um acidente genético que lhe ofereceria doenças cardíacas congênitas, fenda labial e palato fendido pelo uso de drogas, medicamentos e álcool para o suicídio, além disso, transtorno mental, má-formação grave no sistema nervoso central e órgãos internos, malformação no trato urogenital, doenças renais e outros.

Celso e Fátima seriam seus pais. Deveriam recebê-lo como filho querido e, devido aos problemas, precisariam se dedicar totalmente a ele, o que não fizeram anteriormente.

Reencarnariam com pobreza material evidente, para não mais desperdiçarem com extravagâncias terrenas desnecessárias.

Como podemos observar, jamais os filhos pagarão pelos erros dos pais, tampouco os pais pagarão pelos erros dos filhos.

Afastemos também das nossas concepções o desejo de acreditar que passamos por uma provação, por uma dificuldade porque Deus o quer, porque é a Sua vontade. Pensando assim, estaremos julgando o Criador como injusto.

Deus não nos vê como cobaias. Ele é bom e justo. Não podemos responsabilizá-Lo por dificuldades e experiências amargas atraídas por nós mesmos.

Por meio da reencarnação, tão bem explicada na Codificação Espírita, entendemos os motivos de tantas falências humanas, de tanto sofrimento, de tanto desencontro que provamos. Querendo sempre isentar-se de ser o único culpado, chega-se ao absurdo de culpar os pais, os outros ou até a Deus pelos próprios sofrimentos, pelas dores físicas ou da alma.

Não devemos só rogarmos por força e luz a nos sustentar no caminho. Precisamos despertar a vontade própria para adquirirmos conhecimento, pois, somente assim, não cometeremos mais o grande erro do julgamento precipitado e teremos o entendimento que nos elevará na escala evolutiva para superarmos, com nobreza, os supostos males da vida.

Apenas dessa forma, mesmo quando tivermos atravancados nos problemas que nós próprios causamos, seremos capazes de sentir a ação das bênçãos de Deus que chega em abundância àqueles que se fazem merecedor delas, pois possuem a fé, a boa vontade em buscar esclarecimento e a esperança de que, um dia, tudo será melhor como o próprio Jesus nos prometeu.

Rafael

13

TALISMÃ

"Amarás o Senhor Teu Deus de todo o teu coração, e de toda a tua alma, e de todo o teu pensamento..." – Jesus (Mateus, 22:37)

Doutor Armelino era um médico muito conhecido em sua pequena cidade. Costumava ser muito bom no que fazia. Acertava em seus diagnósticos, prescrevia sempre a medicação certa aos pacientes e, além disso, era uma pessoa gentil, educada, humilde e sempre disposta a ajudar.

Amava o que fazia. Era culto, religioso, respeitoso e sempre sensato. Todos costumavam dizer que ele tinha o dom.

Todos os dias, antes de sair de casa, o doutor Armelino passava a mão em seu pescoço, procurando pela corrente de ouro que usava. Nela, carregava alguns adornos que ninguém via. Nesse momento, ele elevava os pensamentos a Deus e aos santos pedindo proteção, ajuda, confiança e que sempre conseguisse realizar seu trabalho da melhor forma possível, auxiliando seus pacientes. Na mesma hora, energias sublimes se derramavam sobre ele, clareando sua consciência e deixando-o mais concentrado no que precisava ser feito. Também ganhava ânimo e disposição, o que o fazia incorporar seu lado atencioso e cortês. Enchia-se de confiança e fé com a certeza de que cumpriria sua missão com amor e bondade. Era praticamente um ritual. Depois disso, saía de casa seguro, confiante de que seu dia seria proveitoso, repleto de boas práticas e realizações na medicina que exercia, cumprindo seu juramento.

Dessa forma, seu dia sempre era gratificante. Acertava nos diagnósticos, ajudava pessoas e, as que não conseguia, tinha a certeza de que havia feito o melhor.

Na maioria das vezes, retornava para o seu lar exausto, dominado por um cansaço mental, resultado de muita concentração, dedicação e empenho. Sentia-se satisfeito por isso e agradecia a Deus por ter inteligência, ânimo, profissão e ter podido trabalhar em benefício de outras pessoas.

Aconteceu que, em um sábado, o doutor Armelino foi passear em um parque com sua família. Fizeram um piquenique. Foi um dia abençoado. Sentado no gramado ao lado da esposa, reparou o quanto os filhos, que brincavam ao longe, haviam crescido. O mais novo era quase adolescente e os dois mais velhos já eram jovens rapazes. Ficou imaginando até quando ainda desejariam sair para fazerem piqueniques com ele e a mãe.

Os garotos o convidaram para jogar bola e ele foi. Riram e se divertiram muito, principalmente, por ele não ter qualquer habilidade com o esporte. Decerto, aquela ocasião seria uma memória para ele e os meninos.

Ao retornarem para casa, o doutor Armelino foi para o banho e percebeu que sua corrente de ouro havia sumido. Imediatamente, entrou em desespero. Lembrou-se de que foi sua avó, que com todo o carinho no dia da sua formatura, deu-lhe tal amuleto e recomendou que nunca o tirasse do pescoço, pois era um talismã para a sua proteção e segurança a fim de desempenhar de forma brilhante a sua tarefa como médico.

Ele nunca se esqueceu disso e atribuía ao objeto todas as conquistas e realizações feitas como médico.

O doutor Armelino não percebia, porém o que realmente o fazia um ótimo profissional não era o seu talismã, mas sua atitude mental e positiva, que o ligava a Força Divina que tudo rege: Deus.

Era um bom homem de coração e caráter. Tinha fé, independentemente das circunstâncias. Quando algo não saía como ele desejava, analisava seu empenho e entendia que era a vontade do Criador, pois sabia que havia oferecido seu melhor. Era estudioso, dedicado e isso contribuía imensamente para que fosse o melhor profissional na sua área.

Mas, ao colocar a mão no pescoço e sentir a falta da corrente, que não encontrou em lugar algum da sua casa, começou a sentir tremores e até calafrios.

A insegurança cresceu dentro dele, chegando a pensar que jamais seria o mesmo homem, o mesmo profissional, pois aquele amuleto era tudo em sua vida. Nunca poderia ter se separado de tal artefato, que representava a força e a produtividade que tinha.

No domingo estaria de plantão no hospital, mas, não se achando em condições de trabalhar, pediu a um colega que atendesse em seu lugar.

Em casa, passou a ter pensamentos de medo, duvidando da própria capacidade. O pobre homem jogava fora sua fé, sua aptidão como se tudo estivesse vinculado ao tal talismã.

Nos dias que se seguiram, sentiu-se muito confuso e inseguro. Não gostaria de ir ao trabalho sem seu objeto de sorte. A esposa tentava animá-lo, mas não conseguia. Chegou a discutir com ele, porém não foi o bastante para convencê-lo.

Na quinta-feira, bateu a sua porta o senhor Gildo, um homem que conhecia havia muitos anos. Era um senhor simples e de poucas posses. Como médico, o doutor Armelino cuidava dele e de toda a sua família.

Ao atendê-lo, o médico quis saber:

— Como vai, senhor Gildo? O que o traz aqui? — sorriu, disfarçando suas preocupações.

— Bom dia, doutor. Eu estou bem. E o senhor?

— Estou bem também. Em que posso ajudá-lo?

— Sabe o que é, doutor... A Solange, minha filhinha, que o senhor cuida desde que nasceu, desde antes de ontem está com febre, que não baixa por nada deste mundo... Eu fui até o hospital e disseram que o senhor não foi trabalhar. O outro médico examinou e deu remédio, mas não descobriu a causa nem resolveu o problema. Fiquei muito preocupado com o senhor, pois sempre nos atende e quando não, depois, procura saber o que aconteceu, vai lá em casa... Agora estou feliz por ver o senhor aqui dizendo que está bem. Mas, doutor... Eu vim aqui pedir pro senhor ir lá até a minha casa dar uma olhada na Solange.

Surpreso, o médico sentiu-se quase aterrorizado e disse:

— Senhor Gildo, tenho de pedir ao senhor que leve a Solange ao hospital, novamente.

— Mas, doutor... O sítio é longe do hospital. Ontem, já foi muito difícil levar essa menina lá. Ela ficou agitada. Não tenho carro como o senhor sabe. Colocar a Solange em uma charrete, de novo, vai ser complicado. O senhor conhece a situação... Ela tem problema e não fica bem quando alguma coisa sai diferente do que ela está acostumada. Além disso, doutor... — explicou-se mais, falando com extrema humildade. — O senhor sabe que a Solange não aceita outro médico, pois foi o senhor que cuidou dela desde que nasceu.

— É, senhor Gildo... Eu sei. Mas... O senhor vai ter de me desculpar. Não estou em condições de atender nem a ela nem a ninguém. Não posso.

— O senhor está bem mesmo, doutor Armelino? Aconteceu alguma coisa? O senhor adoeceu? — perguntou com extrema simplicidade, rodeando a aba do chapéu entre as mãos.

— Aconteceu... Mas... Não é nada com minha saúde ou da minha família. Acho que o senhor não entenderia e...

— Oh, doutor Armelino... Entenderia sim. E se eu puder ajudar, faço qualquer coisa, qualquer coisa mesmo pelo senhor. Pode confiar em mim. Conheço o senhor há tanto tempo que perdi as contas dos anos... Sou tão, mas tão grato por tudo o que o senhor tem feito por minha filha e por toda minha família que nem sei como retribuir... Se o senhor quiser ao menos desabafar, pode confiar que eu escuto.

— É algo bem pessoal e... Talvez uma coisa sem importância para outras pessoas, mas... para mim... — O médico sentiu-se constrangido. De repente, foi tocado por súbito desejo de comentar o que o incomodava e pediu: — Entre, senhor Gildo. Vamos conversar lá dentro.

O convite foi aceito. Foram para a sala. Aquele homem simples foi para o lugar apontado no sofá e se sentou. O dono da casa acomodou-se quase a sua frente e disse:

— Estou angustiado. Minha mulher já conversou comigo e... Talvez eu seja supersticioso demais e...

— Mas não é orgulhoso, doutor. Nem eu sou de fazer julgamento. Pode falar...

— Sim... Mas... É algo que pode parecer ridículo, porém é importante, muito importante para mim. Aconteceu que fui jogar bola com os meus filhos e... — contou o que havia acontecido. — Agora estou desesperado. Não encontrei a correntinha em lugar algum. Comecei a ter medo, muito medo. Eu orava, pedia ajuda e proteção como já falei. E agora? Como será que vou atender meus pacientes? Como vou acertar os diagnósticos? Como?...

— Ah... Aquela correntinha?... Eu me lembro de ver o senhor passar a mão na correntinha antes de examinar a gente, de escrever as receitas dos remédios.

— É isso mesmo. Peguei muita confiança naquele talismã e agora não sei o que farei sem ele.

— Vai fazer o que o senhor sempre fez, doutor Armelino — afirmou com simplicidade. — O que faz o senhor ter um dia produtivo, proveitoso, acertar os diagnósticos, cuidar bem dos pacientes não é o seu talismã, mas o seu preparo e a sua dedicação, o seu empenho em aprender, o cumprimento do seu juramento, a educação de prestar atenção no que seus pacientes dizem, o seu respeito em pesquisar, estudar, fazer o melhor ao seu alcance. Deus ama o senhor e o abençoa por tudo o que o senhor é. Não ama o senhor porque tem um talismã. O seu ritual, de passar a mão no amuleto antes de sair de casa como me contou, pedindo forças, orientação, não passa de um momento em que o senhor para e eleva os pensamentos ao Senhor nosso Deus, aos santos pedindo proteção, orientação, amparo para o que vai fazer. O seu talismã é somente um objeto que o faz lembrar. É sagrado para a sua consciência. Depois de fazer isso, a sua mente sempre positiva ajuda a harmonizar as suas energias e liga o senhor com os planos superiores. Atrai para si, no momento certo, os guias espirituais que o inspiram nas tarefas de ajudar ao próximo. A nossa força vem de Deus. Nada nem ninguém têm poder sobre nós se não quisermos, se não deixarmos. Os seus pensamentos e a sua fé, elevados ao Pai Criador, são o que protege o senhor, ampara e guia, não um amuleto. Eu respeito os amuletos, pois também tenho um, mas sei que ele serve para me lembrar de meus compromissos religiosos, para me lembrar de Deus. A sua proteção vem de Deus, doutor.

O médico ficou pensativo e perplexo. Naquelas palavras havia uma força, que não sabia explicar.

— Talvez o senhor tenha razão, senhor Gildo... Mas...

— Quer fazer um teste, doutor? Venha comigo! Vamos até o meu sítio. Mas, antes, o senhor vai fazer o mesmo ritual de oração que faz sempre, só que sem o seu talismã. Vai pedir tudo o que pedia e se sentir amparado.

— O senhor tem razão, seu Gildo. Vamos fazer esse teste comigo, pois sei que Deus não precisa ser testado. Vou me arrumar, pegar minha maleta e algumas medicações que tenho e acho que podem servir.

Não demorou e o médico estava de volta à sala. Antes de sair, orou e pediu como fazia, porém sem seu talismã.

Junto com o senhor Gildo foi para o sítio onde examinou a pequena Solange e, de imediato, percebeu o que a menina tinha.

Dentro de sua maleta havia o remédio ideal e com o qual medicou a menina. Após clinicar a garota, acomodou-se à mesa da cozinha e aceitou o café que lhe foi oferecido. Examinou ainda o outro filho do casal com um problema de pele e deu-lhe uma pomada para passar no braço.

Conversaram.

Antes de ir, tornou a observar a pequena Solange, que já estava animada e totalmente sem febre.

O médico sorriu e agradeceu a Deus por ter recebido a ajuda e o amparo para fazer seu trabalho melhor, para que seu dia fosse próspero e produtivo.

Amar a Deus é confiar nos Seus planos, nos Seus propósitos e na Sua proteção.

Lucas

14

SEMPRE É POSSÍVEL

ENTRE VIDAS E DESTINOS

Nada é mais importante do que a fé e o bom ânimo em qualquer etapa da existência. Muitas vezes, a tarefa a nós confiada é árdua e difícil, mas Deus olha por nós quando nos empenhamos e fazemos o nosso melhor.

Os pais não são somente aqueles que nos cedem a possibilidade material da construção genética, mas também aqueles que nos guiam pelas sendas evolutivas, orientando, guiando e apoiando na verdadeira elevação moral para a nossa ascensão como espíritos.

O nascimento de Gustavo despertou em seus pais um sentimento de responsabilidade e amor desmedido.

Quando garotinho, Gustavo acreditava que seus pais eram seus heróis, a sustentação e a meta. Desejava ser como eles. Acompanhava-os à casa espírita, frequentava a evangelização infantil, recebia as primeiras orientações sobre princípios Divinos, sobre Deus e amor ao próximo.

Na escola, os pais eram o socorro e a inteligência máxima para todas as tarefas, além de eles orientarem que fizesse sua parte, falavam que orasse pedindo orientação e auxílio.

Com a chegada da adolescência, o modismo, os amigos duvidosos, quase inevitáveis, fizeram Gustavo acreditar que a educação dos pais era obsoleta, antiquada, em desuso. Não demorou para o jovem rapaz ter vergonha do amor, da direção e do ensinamento religioso que recebia dos pais.

De heróis, os pais passaram a ser os vilões que o seguiam de perto, procuravam controlar, cercar de conselhos com a finalidade de tolher a liberdade tão almejada, pensava o filho. Ele se sentia envergonhado quando os amigos riam e criticavam as atitudes paternas.

As primeiras festas, os primeiros embalos, a primeira oferta de tudo o que parecia ser sinônimo de liberdade... O primeiro cigarro, o primeiro gole de bebida alcoólica e a primeira vez que experimentou um cigarro de maconha...

A falsa alegria que dominava as agitações, os risos as aventuras eram a felicidade enganosa e traiçoeira que Gustavo imaginava ter.

Com o tempo, os cigarros de ervas entorpecentes não eram suficientes. Seu corpo e seu psíquico exigiam mais, cada vez mais. Foi então que os inimigos, disfarçados de amigos, indicaram-lhe chás, que produziam sensações alucinógenas. Agora, era fácil e cômodo. Ele preparava na própria casa e dizia ser um suco.

Os pais ficaram atentos.

Desconfiados do comportamento estranho, procuraram saber o que estava acontecendo. Mas o rapaz se distanciava e era agressivo com palavras com o intuito de afastá-los.

Não aceitando viver enganados e na mentira, o casal procurou informações. Decepcionados, buscaram ajuda, uma vez que seus limites de conhecimentos para orientá-lo se esgotaram.

Tudo parecia em vão, tendo em vista que o moço julgava-se dono da situação, não aceitava ajuda, não desejava ser orientado e socorrido. Como todos aqueles que são dependentes em vícios materiais ou morais, acreditava que poderia se libertar dele quando quisesse. Mas não é assim que funciona.

O vício chega a um ponto que nubla a razão e a pessoa fica sem condições de avaliar ou julgar, de ponderar ideias simples, ter ânimo ou força de vontade extrema para se livrar daquilo que é escrava. Fora isso, algo impressionante, é a investida invisível de espíritos que, mesmo após o desencarne, vivem dependentes e desejam sugar energias de encarnados que se encontram no vício.[1]

Chegou o momento em que uma intervenção foi necessária. Hospitais e tratamentos psiquiátricos, terapias em grupo e individual... Dedicação, amparo, carinho, além da postura enérgica dos pais e da família.

O casal não esqueceu algo muito importante: o lado religioso. O espiritual foi lembrado e o socorro do alto também foi pedido incansavelmente.

Mas, o pobre Gustavo não parecia disposto a aproveitar as oportunidades oferecidas, passando por várias recaídas em razão de não criar forças próprias.

Foi um grande susto quando o pai do rapaz chegou ao fim de sua existência terrena, partindo para a Pátria espiritual. Mesmo assim, não se esqueceu do filho. Sem demora, buscou se elevar e aprender. Preparou-se

---

1 Nota: O livro: *Não Estamos Abandonados*, romance do espírito João Pedro, psicografia de Eliana Machado Coelho, mostra-nos excelentes reflexões e ensinamentos sobre esse tema.

o quanto pôde e pediu permissão para, com ajuda de outros mais entendidos, seguir os passos do filho, envolvendo-o sempre que possível.

Gustavo atraia para si companhias de espíritos incrivelmente voltados para pouca moral e até crueldade.

Envolveu-se em crime, mas não ficou encarcerado por muito tempo, porém o suficiente para experimentar muito sofrimento e dor na prisão, devido às situações abusivas e vexatórias.

Retornando para casa, foi acolhido, com carinho, por sua mãe, que nunca desistiu dele. Firme, novamente, aconselhou-o e impôs normas e regras se o jovem desejasse apoio e abrigo.

Gustavo aceitou.

Choro compulsivo foi a demonstração de sentimentos profundos que brotaram por conta de todos os ensinamentos, exemplos e dedicação que recebeu. Percebeu que ficou contra os princípios e os valores oferecidos pelos pais. Foi o encontro dele com a realidade de sua consciência. Compreendeu que, um dia, em algum lugar, teria de arrancar forças de si mesmo para superar as dificuldades e tentações do vício.

Quando ninguém mais acreditava que ele poderia se transformar, o rapaz reergueu-se das cinzas com ânimo e vontade de mudar.

O que veio depois não foi fácil de enfrentar. Deparou-se com o desejo violento, com a compulsão escravizante, com o desespero nas crises pela abstinência. A depressão o prostrava e pensava que não seria capaz. A ansiedade aflitiva se transformava em pânico, causando inquietação extrema e imensurável sofrimento físico e moral.

Nesses momentos desesperadores, sua mãe estava ao seu lado, conversando com carinho, incentivando com amor e sempre lembrando que a força de que precisava para ser forte só poderia vir de Deus. Somente assim, tudo aquilo passaria e ele seria vencedor.

— Não vou conseguir, mãe... Não dá...

— Você é forte, meu filho. Resista hoje! Continue firme por hoje! Vai passar! Tudo o que sente vai passar! Deus quer você limpo de vícios. Ele te dá forças para vencer. Deus te ama e eu também. Estou com você, Gustavo. Estou aqui — dizia a mãe prestimosa ao seu lado, sempre presente e esperançosa.

Não viam nem conseguiam perceber que, na espiritualidade, o pai desencarnado, alguns parentes que também se encontravam no plano espiritual e outros amigos estavam ali espargindo energias sublimes de cura, libertação e força, afastando companhias espirituais desagradáveis para o rapaz.

Não foram momentos fáceis, mas foi possível.

Compreendendo que prosseguir no vício seria sua verdadeira derrota nesta existência, entendendo a necessidade de se libertar da dependência, Gustavo se esforçou. Buscou Jesus para ganhar força e superar os piores momentos. Foi amparado por mãos misericordiosas e invisíveis que nem imaginava.

Um dia após o outro e tudo foi suavizando, após um tempo.

Seguindo orientação de profissionais da área da saúde mental, a mãe procurou cursos e afazeres para o filho a fim de ocupar sua mente. Também buscou alimentação saudável.

Gustavo foi se recuperando. Cuidou, mais do que nunca, do seu lado espiritual, da sua religiosidade. Libertou-se das drogas ao mesmo tempo que voltou aos estudos, formando-se depois.

Conquistou um emprego e, além disso, começou a trabalhar com jovens com problemas com drogas e outros vícios. Passou a ser exemplo vivo de que o empenho pessoal, o bom ânimo e a esperança com a fé em Deus nós vencemos as piores tempestades, os ventos mais fortes.

O caminho das drogas é ilusório. Traz falsos amigos e felicidade traiçoeira. Por falta de opinião, personalidade e amor próprio, muitos jovens aceitam o uso de entorpecentes, desconhecendo as extremas aflições pelas quais, decerto, irão passar.

Mas, quando o alicerce espiritual é feito em rocha sólida, quando os pais oferecem princípios, valores, orientação, firmeza na educação, amor, atenção e carinho sempre é possível se reerguer e se recuperar.

Os pais de Gustavo desconheciam, enquanto encarnados, que no planejamento reencarnatório prometeram moralizar, educar e amar o filho. Na espiritualidade, sabiam que seria possível o jovem encontrar o submundo do vício por ter, em outra vida, explorado pessoas para negociar substâncias tóxicas com ação analgésica os quais traziam efeitos psíquicos aos usuários, tornando-os dependentes. Com isso, criou incontáveis adversários, que passaram a persegui-lo, obsediando-o para vivenciar os mais terríveis pesadelos em vida terrena. Mas, com a ajuda de seus pais, Gustavo venceu o vício e harmonizou tudo o que precisava ao se dedicar a cuidar, orientar e ajudar aqueles que como ele, um dia, buscam se recuperar. Ele saldou seus débitos.

Todos temos, dentro de nós, a semente Suprema do Criador que se desenvolve e floresce. Se a regamos e a cultivamos com fé, amor, bom ânimo e perseverança, mesmo diante de toda dificuldade, essa semente germina, cresce e oferece frutos. *"...E desceu a chuva, e correram rios, e assopraram ventos, e combateram aquela casa, e não caiu, porque estava edificada sobre rocha" – Jesus (Mateus, 7:25)*

O Pai Celeste nos ampara e socorre sempre, quando pedimos com o coração e fazemos a nossa parte.

Schellida

15

ATÉ QUANDO?

Na madrugada de domingo, por volta das 4h, o doutor Maurício acordou sobressaltado e ofegante, pois, em um sonho terrível, havia perdido milhões de dólares aplicados na bolsa de valores.

Depois que recordou o sonho, várias vezes, saltou da cama. Em seguida, pegou o telefone e ligou imediatamente para seu diretor financeiro de sua empresa, explicou-lhe sobre o sonho e marcou uma reunião com todos os analistas financeiros da sua equipe.

Assim foi feito.

Às 8h da manhã de domingo, encontravam-se todos reunidos na empresa para avaliar a situação financeira das ações, que se achavam em poder do doutor Maurício.

Os analistas telefonaram, acionaram computadores, leram jornais e falaram com outros empresários e investidores a fim de avaliarem as condições do mercado financeiro e os reflexos nas ações.

Tudo foi em vão. Nada de anormal havia ocorrido. As ações da empresa continuavam bem aplicadas e em boas mãos. O sonho do presidente da empresa foi um alarme falso.

Todos ficaram estressados e irritados por terem de ir até a organização, num domingo, por causa de um sonho.

O doutor Maurício não se sentiu, em instante algum, incomodado com a contrariedade e as caras de insatisfação dos seus funcionários nem tampouco teve remorsos por retirar-lhes do convício familiar num dia de descanso.

Se costumava tratar assim aquelas pessoas importantes em sua empresa, imaginem como tratava os empregados pessoais, aqueles que cuidavam de suas coisas em sua casa. Eles eram desprezados e tratados com extremo desrespeito.

Na segunda-feira, às 8h, o presidente já estava sentado no seu posto como dono absoluto de uma empresa metalúrgica, que fabricava peças para montadoras de automóveis.

Pegou o telefone e foi procurando pelos diretores, pedindo para que comparecessem a sua sala.

Passou missões possíveis e impossíveis para eles, tornando o dia agitado e fazendo com que seus funcionários ficassem trabalhando até mais tarde, naquele e nos dias que se seguiram.

Alguns não aguentavam mais o ritmo acelerado da empresa. O trabalho se tornava um sacrifício diário em vez de proporcionar um desafio à inteligência e exercício da colaboração em busca de objetivos comuns.

Certo dia, o doutor Maurício marcou uma reunião com a presidência de uma empresa que faria parceria com a sua.

Minutos antes da reunião, ele precisou orientar seus diretores a realizarem determinados trabalhos em que, mais uma vez, deixou um rastro de mágoas e rancores naqueles que colaboravam para o desempenho de sua empresa.

Ele não enxergava seus funcionários como seres humanos e colaboradores do seu negócio, mas como máquinas sem sentimentos e sem vontade própria, devendo única e exclusivamente obedecerem a ordens e cumpri-las o mais rápido possível, sem erros, com ameaças ocultas onde subentende-se que, se errassem, nunca mais teriam a oportunidade de errarem novamente.

Era um homem insensível. Frustrado com o seu lado pessoal e não sabia conviver amigavelmente com as pessoas.

Toda pessoa infeliz, inferniza os outros.

No final da reunião, quando olhou o relógio, verificou que estava atrasado para o encontro na outra empresa. Correu para o estacionamento e entrando rápido no carro, disse ao motorista:

— José, estou atrasado para uma reunião importantíssima. Se chegarmos ao local em vinte minutos, eu lhe darei um aumento de salário. Melhor! Eu triplico o seu salário, rapaz! Não se importe com as multas de trânsito. Essa reunião vale a minha vida inteira como empresário.

O motorista entendeu rapidamente a mensagem e respondeu:

— Então, doutor, aperte o cinto de segurança — sentiu-se satisfeito. Acreditou que deveria se mostrar competente. Além disso, sua ambição gritou dentro de si.

O veículo saiu em altíssima velocidade do estacionamento da empresa, fazendo barbaridades pelo caminho.

Ultrapassou em via que não permitia tal manobra, passou pela direita, cruzou com o semáforo fechado, fez conversão em local proibido, ameaçou pedestres... Sempre acima da velocidade. Não obedeceu ao sinal de parada até que, em um cruzamento, deparou-se com um caminhão de concreto e não conseguiu frear...

A colisão foi inevitável e a velocidade acima do permitido fez com que o abalroamento fosse muito forte.

O veículo dirigido por José entremeou-se no caminhão de concreto entre a cabine e a betoneira, lugar totalmente de ferro, sem nada para amortecer o choque.

Foi necessário muito empenho e horas de trabalho do corpo de bombeiros para tirarem os ocupantes do meio das ferragens.

O motorista teve múltiplas fraturas e perdeu uma das pernas. O doutor Maurício sofreu fratura de uma vértebra na altura do pescoço, ficando tetraplégico. Ele também sofreu um traumatismo na cabeça que afetou a área que coordenava a fala em seu cérebro.

A empresa do doutor Maurício teve de ser tocada por outros diretores e filhos inábeis, que mal conseguiam organizar seus quartos.

Apesar do dinheiro, o senhor passou a viver à mercê de cuidado e tratamento daqueles a quem sempre tratou com desprezo e indiferença.

Mesmo nessas condições, o acidentado entendia o que acontecia, revoltava-se, agitava-se e era tratado com calmantes, pois não sabiam o que estava querendo dizer.

Nesta encarnação, o doutor Maurício precisava encontrar equilíbrio e se desprender da matéria, voltar-se para o lado espiritual, tratar com respeito as pessoas. Mas nada disso aconteceu. Devido a sua ganância, arrogância, falta de humildade, desperdiçou todas as oportunidades que teve. Possuía dinheiro e gostaria de ter mais. O tempo que tinha gastava com coisas fúteis.

Até quando insistir na ganância? Até quando caminhar pelos caminhos da injustiça? Até quando ser impiedoso para com aqueles que caminham ao nosso lado? Até quando colocar os bens terrenos acima dos espirituais? Até quando se deixar guiar somente pelos interesses da matéria? Até quando ser egoísta e pensar só em si, ignorando que o outro também tem suas necessidades? Até quando não buscar o reino de Deus por meio de boas práticas, bons pensamentos e boas ações?

Até quando?

Erick Bernstein

16

O TAREFEIRO DA INTRIGA

"Acautelai-vos, porém dos falsos profetas, que vêm até vós vestidos como ovelhas, mas interiormente são lobos devoradores" – Jesus Cristo (Mateus, 7:15)

O centro espírita é a casa de caridade e de ajuda sem preconceitos. Como todo espaço de oração, é o intercâmbio entre planos físico e espiritual, portanto peça fundamental para o crescimento moral de todos que ali chegam.

E era, exatamente, o que um centro espírita, próximo à cidade de São Paulo, representava: símbolo do crescimento e da caridade, da assistência social e espiritual.

Nele, trabalhavam tarefeiros abnegados e caridosos, que por muitos anos ajudaram diversas pessoas a crescerem e despertarem para a realidade da vida.

Um dia, Domênico chegou a essa casa espírita. Era um irmão conhecedor profundo da Doutrina. Ele observou tudo e todos e se apresentou aos seus diretores e trabalhadores.

Expressivo e convincente, exibindo seu conteúdo doutrinário aprendido com anos de estudo do espiritismo, foi muito fácil fazer amizade com todos. Com as suas conversas, cativava as pessoas e demonstrava o seu suposto crescimento espiritual.

Alguns colaboradores e dirigentes da casa espírita, deixando-se empolgar pela apresentação do recém-chegado, passaram a sugerir que tarefas de destaque lhe fossem dadas, uma vez que conhecimento não lhe faltava.

Certa vez, persuadido pelos trabalhadores, o presidente desse centro espírita convidou Domênico para encarregar-se das reuniões públicas, realizadas semanalmente.

Esse novo tarefeiro engrenou nas atividades e afazeres com facilidade. Sempre empenhado, dedicou-se com disposição.

Com o passar do tempo, seus pensamentos se alteraram e ideias de mudanças surgiram.

Desejoso por sobressair, Domênico começou a dar outra direção às tarefas e aos atendimentos de assistência espiritual e material.

Muitos gostaram. Acharam que a casa precisava crescer e se renovar, sair da forma arcaica e conservadora que sempre foi dirigida. Pensaram que tudo precisaria se modernizar. Mas, outros não apreciaram as mudanças, uma vez que havia indisponibilidade em diversos aspectos.

Domênico não se importou com as opiniões daqueles que não lhe apoiavam. Deixou sua vaidade e orgulho falarem alto e se esforçou para conquistar e fazer as alterações.

Não demorou para criar indisposição entre os tarefeiros a favor e contra suas ideias e seus planos. E os que não concordaram, timidamente, afastaram-se.

O orgulho e a vaidade imperaram e se fizeram passar por sensação de felicidade daqueles que ficaram. Eles sentiram algo como que o gostinho de vitória.

Não tardou muito para ir contra os princípios, os valores e a administração da presidência do centro, que se amparava na caridade Cristã e nos ensinamentos morais do Mestre Jesus. Ele sempre reclamava, criticava e não concordava, criando atrito e discórdia.

Em conversas paralelas, a sós com alguns tarefeiros, Domênico criava desavenças, opinava sempre desfavoravelmente a tudo o que a presidência decidia. Usava, inclusive, o seu conhecimento da Codificação para justificar, erroneamente, seus apontamentos, distorcendo ensinamentos básicos da Doutrina para provocar discordâncias e intrigas. Dessa forma, conquistava e convencia alguns de mesma índole.

Com seu jeito extrovertido e ao mesmo tempo manso, às vezes, fazia piadinhas com críticas, levava e trazia conversas que desenraizaram amizades estabelecidas havia anos, destruindo a harmonia dos trabalhos sem que notassem que era ele quem atormentava a paz daquela casa, antes, abençoada de tolerância e boa vontade.

Não contente, Domênico acreditou ser muito mais competente do que qualquer um para presidir aquele centro espírita, pois, dessa forma, não seria contestado e teria mais aliados, podendo impor tudo que fosse melhor, a seu ver, para a entidade beneficente.

Empenhou-se até conquistar o cargo, que assumiu com muito contentamento. Suas mudanças nas divisões das tarefas, na forma de designar tarefeiros, no modo de tratar os que buscavam aquela casa de oração para socorro espiritual ou necessidades materiais passaram a não funcionar como desejava, pois a espiritualidade que, sempre tanto sustentou a todos, também sofria abalos e mudanças.

De repente, um tarefeiro não podia colaborar porque sua escala de horário não coincidia com sua disponibilidade e Domênico não gostava, reclamava que a dedicação à doutrina ou à espiritualidade deveria estar em primeiro lugar. Outro colaborador, que foi trocado de função e isso não lhe agradou, começou a se sentir desanimado e sem perceber, afastou-se.

E assim, vibrações negativas aconteciam sem que notassem.

Na espiritualidade, irmãos, ainda inferiorizados, compraziam-se pelo desequilíbrio da casa espírita. Ninguém, no plano físico, tinha coragem de se manifestar. Para não criar discórdia.

Como ensinou o codificador Allan Kardec: o mal vence porque os bons são tímidos.

Assim foi...

O conhecimento da Doutrina não garantia a sabedoria de Domênico.

Os frequentadores não demoraram a se sentir sem alento, sem motivação e começaram a não ir às reuniões públicas. Não conseguiam mais obter a ajuda e o conforto por meio das palavras edificantes com as quais se acostumaram.

Cada dia mais, por diversos motivos, mais e mais tarefeiros também faltavam e se desinteressavam pelos trabalhos. Alguns procuraram outras casas espíritas para frequentarem e servirem. Desse modo, um a um passou a se distanciar, lentamente, do centro espírita.

Aquela casa espírita que tanto ajudou a todos, agora, encontrava-se, praticamente, de portas fechadas para a espiritualidade.

Domênico possuía saúde de ferro. Nunca ninguém o viu doente. Não se deixava abater. Sempre com ânimo e persistente. Acreditou que todos estavam errados e que, em breve, chegariam ali outros tarefeiros e colaboradores afins para o tipo de trabalho moderno e inovador que ele estabeleceu.

Mas, antes que isso ocorresse, um infarto fulminante colocou fim à vida do corpo físico de Domênico, o presidente da casa espírita, que estava praticamente vazia.

No plano espiritual, ele ficou grande tempo em estado de perturbação, não entendendo a razão de aqueles irmãos inferiores o rodearem, zombarem e escarnecerem a todo instante. Passavam por ele rindo e desdenhando, dizendo que não adiantou todo o tempo encarnado devotado ao bem e à caridade, se estava ali, junto com eles, experimentando diversos tipos de necessidades espirituais. Chamavam-no de arrogante, egoísta, orgulhoso, hipócrita... Entre outras ofensas.

O ex-presidente da casa espírita sofreu e se desesperou. Orou, pediu ajuda... Mas, somente muito tempo depois foi socorrido.

Junto aos instrutores esclarecidos, que o auxiliaram, quis entender o que havia acontecido. Afinal, na sua opinião, dedicou-se a vida toda ao bem, aos trabalhos de levar evangelização, buscou ajustar uma casa espírita que estava com métodos arcaicos, antigos, obsoletos onde todos pareciam se arrastar. Logo que chegou, levou sua energia, ânimo e mudanças inovadoras.

— Ainda bem que eu sabia como me socorrer do Umbral da consciência, que me encontrei após o meu desencarne! Orei! Clamei! Sozinho, sintonizei-me com o Alto para sair de onde estava! Ingratos, todos com quem vivi e ajudei, quando encarnado, esqueceram-me! Esqueceram o bem que fiz e as caridades que deixei na Terra — afirmou Domênico. — Por que razão deixei-me atrair para lugar tão inferior, na espiritualidade, após o meu desencarne, ainda não sei. Talvez por ter, em vida terrena, preocupado-me somente com os outros. Vivi para auxiliar, socorrer e confortar o próximo mais próximo e esqueci de mim.

— Não foi bem assim, caro Domênico — explicou-lhe um instrutor. — O irmão foi socorrido depois que diversas preces, endereçadas a Deus para iluminar à sua consciência, deram-lhe a lucidez para se elevar e sair do estado consciencial em que se encontrava. Recebeu preces sim, como as de sua mãe, que você deixou de visitar desde que ela não podia mais andar.

Deixou-a sob os cuidados de uma irmã que possuía problemas financeiros e de saúde, mas que, mesmo assim, sozinha, fez o que pôde pela mãezinha até a senhora desencarnar saudosa de suas notícias e visitas. Elas eram o próximo mais próximo que você não auxiliou, não socorreu e não confortou. Uma encarnada e a outra desencarnada oraram por você pedindo luz, entendimento e elevação. Também recebeu oração de dois filhos que nunca mais procurou, desde o divórcio de sua primeira esposa por resultado de sua traição. Essa ex-esposa não desejou seu bem, mas dois, dos quatro filhos, oraram pelo pai. Eles eram o próximo mais próximo que você se distanciou, não auxiliou, não socorreu e não confortou. Também recebeu vibrações de alguns dos tarefeiros que compreenderam sua pequenez de atitudes ao destruir a harmonia de uma casa espírita que, havia anos, levava o Evangelho do Mestre, acalentando corações, praticando caridade... Como esses oraram por você... Mas, aquelas pessoas simples que você chamou de dependentes quando lhes tirou as cestas básicas que o centro oferecia... Não oraram por ti. Os mantimentos recebidos eram os únicos que tinham para matar a fome. Aqueles que iam às reuniões levando suas garrafas com água para fluidificar e você não mais permitiu... Eles também não oraram por ti. A água era energizada e a única fonte de vibrações positivas que levavam para os seus lares e pessoas queridas, movimentando fé e esperança... E eles perderam isso. Os que buscavam elevação moral e reforma íntima por meio das reuniões públicas com os ensinamentos evangélicos, buscavam paz e conforto, passaram a receber informações políticas, instruções partidárias, observações e orientações sobre ideologias, opiniões, crenças que faziam nascer e crescer sentimentos de contrariedade, revolta, indignação... Eles tinham ido buscar Jesus e não encontraram. Ainda bem que deixaram de frequentar a casa espírita que você presidia com sua falsa humildade. Ah! Eles não oraram por você. O Mestre Jesus ensinou amar os inimigos e bendizer os que nos maldizem, resistir ao mal, dar o vestido e também a capa, fazer o bem aos que nos odeiam e orar pelos que nos maltratam e perseguem... Mas você apresentou-lhes outros assuntos, na casa espírita, em vez dos ensinamentos do Mestre...

— Mas precisei mudar muita coisa ali! Tudo estava bem ultrapassado!

— Caro irmão, a Doutrina Espírita é baseada nos ensinamentos do Mestre Jesus. Caso não estivesse satisfeito, procurasse outra fonte de ensinamentos mais modernos para a sua própria evolução e orgulho intelectual, que sempre fazia questão de exibir. Mas, nunca deveria ter destruído a única coisa que acolhia, socorria e conduzia muitos irmãos ao caminho do bem, do amor, da paz e da prosperidade espiritual. Cada um tem sua etapa, sua idade na escala evolutiva e está preparado para determinado ensinamento. Não menos, não mais. As diversas religiões e filosofias existentes são por este motivo: respeito a cada um em seu adiantamento espiritual. Os ensinamentos do Mestre Jesus jamais estarão ultrapassados, velhos, obsoletos nem fora de moda. Pobre é aquele que tenta desenraizar a Doutrina dos Espíritos de sua base mais sólida e moral elevada: Jesus. Não tente corromper os ensinamentos Cristãos com opiniões pessoais que desrespeitam o próprio Cristo. Por isso, Ele nos alertou dos falsos Cristos e falsos profetas e ainda disse: "quem comigo não junta, espalha."

Enquanto o instrutor relatava, inúmeras cenas eram passadas na tela mental de Domênico que começava a entender o que havia acontecido. Conseguia ver cada caso, em sua mais íntima particularidade, com as terríveis consequências de suas decisões. Um homem que ficava feliz por levar para casa o auxílio espiritual "medicamentoso", em uma garrafinha com água, desanimou-se e se viu sem a ajuda fluídica, porque como presidente do centro, proibiu que qualquer pessoa levasse uma garrafinha com água para ser fluidificada. Ele decidiu que, se quisesse a tal água, orassem em seus lares pedindo isso. Viu também uma mulher que buscava espiritualizar-se e parar de brigar e gritar em casa, mas que passou a ficar ainda mais indignada com diversas situações politizadas, aumentando suas crises de descontrole emocional como depressão e pânico. Outro que tentava confortar o coração pela perda de um ente querido, não encontrou consolo e se deixou cair na ausência de esperança e tirou a vida do corpo, pois as palestras evangelizadoras deram lugar a críticas governamentais e partidárias. Domênico também foi capaz de ver espíritos que se encontravam na casa espírita para serem socorridos e não o foram, pois os frequentadores encarnados que eles acompanhavam foram embora. Esses eram os que mais destilavam ódio e energias negativas contra o presidente daquele centro. Casos e casos se desenrolavam na sua tela mental e, de joelhos, não suportou e chorou em extremo desespero.

— Meu caro, nossa opinião não pode destruir a fé nem a caridade. Sempre somos instrumentos que podem ser de amor ou de ódio, de paz ou de discórdia. Sempre estamos envolvidos por espíritos do bem ou que ainda agem no mal.

— O que fiz... Só tentei...

— Não aprendeu com os mais experientes, não agiu espelhando-se em Jesus. Tinha o dom da eloquência, inteligência, era prodígio. Mas direcionou seus talentos para as intrigas por culpa de sua vaidade. Tudo tinha de ser como você queria. Usou o dom da palavra para lançar uns contra os outros, usou seus ouvidos para juntar informações a fim de organizar e manipular conversas, levantar calúnias e injúrias para conseguir aquilo que queria. Isso e muito mais... — Breve pausa e informou:

— Graças a amigos espirituais e tarefeiros encarnados de boa índole, dispostos a cumprirem a missão terrena que abraçaram, o centro espírita ao qual você contribuiu para o quase fechamento das portas, recuperou-se após o seu desencarne. Não de imediato, mas segue obedecendo às leis da fraternidade e do amor. Praticando a caridade, renovando vidas, levando alegrias, esperanças e muito mais. Sabe por quê? Porque a benevolência retornou entre seus tarefeiros. Com tolerância e bom senso, a alegria voltou entre os colaboradores. As músicas elevadas e os cantos que você havia proibido, puderam novamente ser cantadas. As palmas que você proibiu voltaram a ser batidas, palmas nunca desequilibraram a espiritualidade, pois é como o sorriso e a gratidão, expressão de louvor, saudação, respeito e admiração a Deus, a Jesus e aos mentores amigos que elas são batidas. O que vale é a intenção. Por que proibir cantar músicas elevadas, que falam de fé, esperança, amor e resignação? Sua proibição foi baseada em quê? Louvar ao Criador com músicas é uma das práticas mais antigas que conhecemos, é a ação mais remota exercida por vários povos e religiões para esse fim. Se o Espiritismo é Ciência e Filosofia, você deveria estudar e pesquisar para saber mais sobre esse assunto. Ciência pesquisa e Filosofia faz pensar e repensar. Desconhece que a Bíblia nos conta que o rei Salomão louvava a Deus cantando seus salmos pelos ares? Comece por aí. — Um momento de silêncio para que refletisse e prosseguiu: — Música possui vibração. Vibração tem frequência. Frequência tem energia. Estude sobre isso também. Cantar músicas elevadas tira a mente das pessoas dos problemas do cotidiano, ajuda o inconsciente a ter paz, prepara e harmoniza esses frequentadores para receberem o que é ofertado em uma casa de oração e até os tarefeiros para colaborarem com amor. Temos certeza de que as conversinhas, os murmurinhos entre frequentadores ou tarefeiros, os pensamentos poluídos pela falta de amor, compreensão... as intrigas e fofocas desequilibram muito mais a espiritualidade do que qualquer canto desafinado, se essa era a sua preocupação. — Breve instante e continuou: — Na nova gestão, após seu desencarne, as garrafinhas com água para fluidificação puderam ser levadas. As cestas básicas de alimentos tornaram ser distribuídas. A fé voltou. A esperança brilha no coração de cada um. Tudo, meu querido Domênico, é questão de entender a necessidade e a idade evolutiva de cada irmão. Já imaginou se Jesus não respeitasse as nossas necessidades nem o nosso entendimento? — Novo momento de silêncio. — Quando encarnados, estamos para evoluir, servir com amor, aceitando e compreendendo os irmãos do caminho, assim como Deus faz conosco. Seu sol brilha sobre os justos e injustos. Seu sol ilumina a todos. Sua chuva cai sobre todos. Não usemos o nome de Jesus mudando o sentido de Suas palavras para que se encaixem na nossa opinião, no nosso modo de ver a vida, no nosso partido político, na nossa ideologia, na nossa maneira de querer que as coisas sejam. Esses são os falsos Cristos e falsos profetas que o Mestre nos avisou. Quando encarnados, prestemos atenção em levar, tão somente, o conforto, por meio das palavras do Cristo, o ensinamento do Seu Evangelho e deixar que o irmão decida o que fazer com essas informações. Certamente, você terá alguns anos, aqui na espiritualidade, para pensar, refletir e aprender por ter desperdiçado seus talentos.

— Perdi muitas oportunidades que havia pedido antes dessa encarnação... — lamuriou Domênico. — O que será agora?

— Sim, você solicitou e perdeu. Devemos ter cuidado com aquilo que pedimos, pois quando não sabemos o que fazer com o que nos é dado, deixamos nosso orgulho e vaidade complicarem nossa vida.

— E agora?... — tornou ele.

— Enfrentar o arrependimento e dedicar-se ao estudo. Talvez daqui a muitos anos, depois de um bom planejamento reencarnatório, retornará para ver se aprendeu, pelo menos, a cuidar do próximo mais próximo e, provavelmente, só isso, uma vez que não soube o que fazer com tantos talentos ao mesmo tempo.

Lucas.

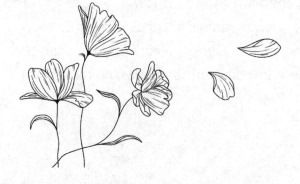

17

TRABALHO, FERRAMENTA DE CONSOLO

Deus sempre atua em nossas vidas de forma misteriosa. Mesmo que não consigamos compreender no instante em que experimentamos determinada situação, um dia, entenderemos a razão do que vivemos. Sempre existe explicação para tudo.

Inácio e Angélica se conheceram. Apaixonados, casaram-se e foram agraciados com a chegada de um filho, que recebeu o nome de Rafael. Um lindo bebê, que chamava a atenção de todos.

Como toda criança espirituosa, foi um menino travesso durante a infância. Demonstrava grande atração pela água. Adorava tomar banho, brincar na chuva ou mesmo jogar água nos amigos. Era muito comum voltar molhado para casa, deixando sua mãe sempre zangada.

Inácio levava o filho ao clube da cidade com frequência e percebia sua aptidão para esportes aquáticos. Sem pensar duas vezes, ele inscreveu o garoto em aulas de natação.

Rafael tinha muita afinidade com esse elemento da natureza. Aprendia tudo com facilidade e agilidade.

Aos cinco anos de idade, ganhou a sua primeira medalha pela participação em um campeonato municipal em sua cidade. Medalha que rendeu grande incentivo tanto para o garoto como para seu pai Inácio, que a partir daí começou a apoiar o talento de seu único filho. A intenção e o sonho eram o de chegar a uma carreira esportiva promissora e, quem sabe, rumo às Olimpíadas.

Os anos se passaram e Rafael sobressaia cada vez mais. Ganhava campeonatos na escola, no clube onde treinava e tudo mais que servia de desafio aquático.

Aos quinze anos, já possuía uma coleção de troféus, medalhas e flâmulas de se admirar.

Inácio não via a hora de o filho atingir a maturidade de atleta, para que pudesse competir em categorias mais relevantes e que despertasse o interesse de outros clubes, a fim de contratarem Rafael para as competições profissionais.

Aos dezessete anos, sobressaía na água como ninguém no município e no estado em que morava. Era conhecido por todos e respeitado pela comunidade atlética.

Inácio não poderia estar mais orgulhoso do talento do filho, pois era cobiçado pelos clubes e tinha perfil físico e mental de um atleta nato.

Um dia, Rafael procurou pelo pai e disse:

— Eu quero me distrair um pouco. Os meus amigos me convidaram para acampar e passar dois dias na praia. Não vejo hora melhor para isso, pois só tenho dez dias antes da concentração para o próximo campeonato. Além do mais, depois de amanhã à tarde, já estarei de volta para relaxar um pouco mais. O que o senhor me diz? Tudo bem, se eu for?

Inácio, mais que depressa, respondeu ao seu amado filho:

— Vá, Rafael! Você merece tudo, meu filho. Aproveite o passeio e a vida, pois, em breve, teremos de trabalhar duro para as próximas competições rumo às Olimpíadas. Tenho orgulho de você! — e o abraçou.

— Obrigado, pai. Logo estarei de volta e devo focar nisso. Meu maior sonho é me classificar para os Jogos Olímpicos.

Rafael beijou demoradamente o rosto de seu pai e o abraçou. Ambos se entendiam muito bem. Eram grandes amigos.

No dia seguinte, o rapaz arrumou suas coisas e partiu com a sua turma para a praia.

Inácio não se preocupou com seu filho, pois a água fazia parte da sua vida. No mar estaria em casa, no seu hábitat, como costumavam dizer para brincar.

A turma se alojou em pequenas barracas, guardaram os seus pertences, trocaram de roupa e caíram na água, brincando e se divertindo muito.

O mar estava um pouco agitado, mas nada para se preocupar.

Realmente o jovem se entendia com a água. Os amigos até comentavam, entre eles, sobre a performance do colega. Era bonito vê-lo nadar.

Confiante demais, foi se aprofundando mar adentro até que, tomado de surpresa, uma grande e inesperada onda arrebatou Rafael violentamente e o atirou às profundezas, envolvendo-o sem chances para que se defendesse.

Com o impacto e a surpresa, Rafael não tinha muito ar nos pulmões. A correnteza e a força da água dominavam seus movimentos. De repente, ele se viu em desespero, pois não conseguia ver nem a luz do sol para poder se guiar em direção à superfície. Com a sua resistência física extraordinária, continuava lutando contra a correnteza, porém o ar em seus pulmões já estava saturado, precisava ser renovado e depressa. A contração involuntária do corpo em busca de oxigênio, fez com que inalasse água salgada... Não havia nada mais o que fazer...

O desespero interrompeu-se e sentiu-se em uma espécie de vazio, com sensação confusa nos sentidos, entorpecido, sem estímulos... Rafael passou para a espiritualidade e, de imediato, foi socorrido, deixando-se levar.

Os amigos perceberam que havia algo errado e passaram a procurá-lo. Acionaram o salva-vidas e o Corpo de Bombeiros, que iniciaram as buscas. Algumas horas depois, encontraram somente o corpo sem vida que pertenceu a Rafael.

Ninguém conseguia entender ou explicar como um rapaz, em tenra idade, tão habilidoso na água, forte, capacitado em esportes aquáticos... Como poderia ter se afogado?

Ao saber do ocorrido, Inácio e a esposa entraram em desespero. Não se conformavam como tudo aconteceu. A dor da perda do único filho era inenarrável. Desejavam uma explicação, uma justificativa, mas não tinham nada que os auxiliasse a entender. O casal se uniu pela dor e pela fé em Deus. Ainda acreditava que tudo tem uma razão e que, um dia, descobriria qual era.

Dez anos se passaram sem que aceitassem o desencarne do filho.

Certa vez, em conversa com um primo de nome Aristides, Inácio encontrou, talvez, o que pudesse ser uma singela explicação. Aristides falava sobre a reencarnação ser a única justificativa para a justiça de Deus e alívio da nossa consciência, que sempre nos cobra pelos atos errados que praticamos.

Esse primo indicou ao casal um centro espírita e disse que lá seria possível encontrar consolo e esclarecimento.

Inácio e sua esposa Angélica foram conhecer o lugar e o que a Doutrina Espírita tinha para apresentar. Assistiram à reunião pública onde foi lido e explicado um trecho de o Evangelho do Cristo e gostaram muito dela. Das reuniões públicas, passaram ao estudo da Doutrina e se interessaram rapidamente por tudo o que era exposto. Somente explicações como aquelas poderiam fazer sentido ao que lhes aconteceu.

Sem perceberem, deixaram de buscar a razão de tal tragédia à medida que assumiram atividades naquela casa de oração onde só se falava sobre agirmos como o Mestre Jesus ensinou.

O tempo foi passando.

Com a idade de oitenta anos, Inácio fez a passagem para o plano espiritual e, qual não foi a sua surpresa e felicidade ao ser recebido pelo filho Rafael, que o envolveu com imensurável alegria.

Confirmou-se que Deus não separa eternamente os que se amam e que o distanciamento é por pouco tempo, porque o reencontro é garantido.

O filho ficou muito feliz ao vê-lo e admitiu sempre estar ao seu lado desde quando abraçou tarefa fraterna com a evangelização de crianças na casa espírita, pois foi nessa época que os pais abandonaram as queixas e revolta e passaram a sintonizar vibrações mais saudáveis das quais ele se sentia melhor, quando perto.

Com o passar do tempo, na espiritualidade, Inácio teve a oportunidade de saber qual a razão de ele precisar experimentar a morte de um filho, principalmente, nas condições mais inimagináveis como a que se deu, uma vez que o jovem tinha imensa habilidade na água. Além disso, qual a razão de alguém, com tão pouca idade, ser arrebatado pela morte que pareceu tão injusta?

Foi então que descobriu que, em tempos longínquos, ele e Angélica eram pais de Rafael. Naquela época, por desavenças e brigas constantes com um vizinho, o casal influenciou o filho a odiar o homem e seu único herdeiro. Não se importaram quando perceberam que Rafael poderia cometer atitudes extremas de tirar a vida do vizinho ou até de seu filho por rixa de família.

E assim aconteceu.

Em determinada oportunidade, ao ver o filho do vizinho pescando à beira de um lago, Rafael aproveitou-se de seu porte físico e agilidade na água e atacou o outro rapaz, arrastando-o para dentro da água e afogando-o.

O crime nunca foi descoberto e a justiça terrena jamais foi feita. No entanto, aos olhos de Deus nada escapa.

O jovem que Rafael afogou no lago conseguiu perdoar-lhe a tal ponto que foi ele quem socorreu o atleta, na espiritualidade, quando se afogou no mar.

A dor, o desespero, a contrariedade, a vida ceifada, o sofrimento, a aflição... Tudo o que provocamos ao outro fica registrado na consciência, que atrai experiências semelhantes, com os mesmos sofrimentos, a fim de aprendermos a não errarmos mais.

No plano espiritual, para Rafael e Inácio, tudo estava justificado. Deus não erra. Não podemos duvidar da justiça e da providência Divina.

Apesar de ignorar a razão de tamanha dor pela perda do filho, Inácio descobriu que, no trabalho com a caridade, é possível encontrar a ferramenta para aliviar a dor.

Erick Bernstein

Eliana Machado Coelho & Schellida
SEM REGRAS PARA AMAR

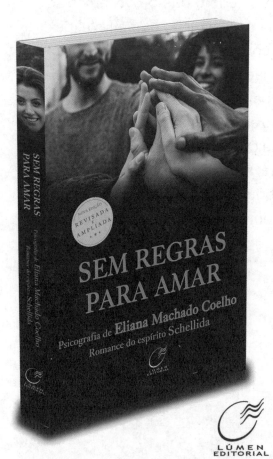

Romance
16x23 cm | 528 páginas

Romances que encantam,
instruem, emocionam
e que podem mudar
sua vida!

Entre em contato com nossos consultores e confira as condições
Catanduva-SP 17 3531.4444 | boanova@boanova.net | www.boanova.net

Eliana Machado Coelho & Schellida

...em romances que encantam, instruem, e emocionam... e que podem mudar sua vida!

Mais forte do que nunca
Eliana Machado Coelho/Schellida
Romance | 16x23 cm | 440 páginas

Abner, arquiteto bem resolvido, 35 anos, bonito e forte, decide assumir a sua homossexualidade e a sua relação com Davi, seu companheiro. Mas ele não esperava que fosse encontrar contrariedades dentro de sua própria casa, principalmente por parte deseu pai, senhor Salvador, que o agride verbal e fisicamente. Os problemas familiares não param por aí. As duas irmãs de Abner enfrentarão inúmeros desafios. Rúbia, a mais nova, engravida de um homem casado e é expulsa de casa. Simone, até então bem casada, descobre nos primeiros meses de gestação que seu bebê é portador de Síndrome de Patau: o marido Samuel, despreparado e fraco, se afasta e arruma uma amante. Em meio a tantos acontecimentos, surge Janaína, mãe de Davi e Cristiano, que sempre orientou seus filhos na Doutrina Espírita. As duas famílias passam a ter amizade, Janaína orienta Rúbia e Simone, enquanto Cristiano começa a fazer o senhor Salvador raciocinar e vencer seu preconceito contra a homossexualidade.

Entre em contato com nossos consultores e confira as condições
Catanduva-SP 17 3531.4444 | boanova@boanova.net | www.boanova.net

UM NOVO CAPÍTULO

Eliana Machado Coelho/Schellida
Romance | 16x23 cm | 848 páginas

Neste romance, vamos conhecer Isabel e Carmem que, desde tempos remotos se odeiam e a cada reencarnação uma provoca a morte da outra. Sempre adversários, Ruan e Diego recaem nas mesmas desavenças. Egoístas e orgulhosos, não vencem as más tendências nem suas diferenças. Lea, muito à frente do seu tempo, reivindica direitos iguais, liberdade, independência, mas não consegue viver seu grande amor com Iago por ser obrigada a honrar um casamento arranjado por seu pai. Na espiritualidade, esses e outros personagens se deparam com seus equívocos e harmonizações a fazer. Novo planejamento reencarnatório é feito. Em tempos atuais, por meio do livre-arbítrio, suas escolhas poderão mudar seus destinos?
Podem fazê-los adquirir mais débitos ou livrá-los deles?

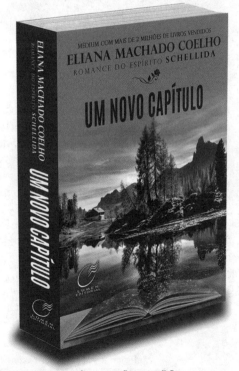

Eliana Machado Coelho & Schellida
...em romances que encantam, instruem, e emocionam...
e que podem mudar sua vida!

LÚMEN EDITORIAL

Entre em contato com nossos consultores e confira as condições
Catanduva-SP 17 3531.4444 | boanova@boanova.net | www.boanova.net

CONHEÇA MEU CANAL NO

 /ElianaMachadoCoelhoSchellida

LÚMEN EDITORIAL

Av. Porto Ferreira, 1031 | Parque Iracema
CEP 15809-020 | Catanduva-SP

www.**lumeneditorial**.com.br
www.**boanova**.net

atendimento@lumeneditorial.com.br
boanova@boanova.net

📞 17 3531.4444
🟢 17 99777.7413
📷 @boanovaed
f boanovaed
▶ boanovaeditora

Acesse nossa loja

Fale pelo whatsapp